한국 대표 시선

최남선 외

SR&B(새로본닷컴)

김홍도의 〈대장간〉

〈베스트 논술 한국대표문학(전60권)〉을 펴내며

어린 시절의 독서는 평생의 이성과 열정을 보장해 줄 에너지의 탱크를 채우는 일입니다. 인생의 지표를 세울 수 있는 가장 믿을 만한 방법이기도 합니다.

새로 접하는 사물의 이치를 터득하려면 그 정보를 대뇌 속에 담는 프로그램이 마련되어 있어야 합니다. 그 프로그램을 구축하는 가장 효과적인 방법이 지속적인 독서입니다. 독서는 책과 나의 쌍방향적인 대화이며 만남이며 스킨십입니다.

그러나 단순한 독서만으로는 생각하는 힘과 정확히 표현하는 힘을 키울 수 없습니다. 〈베스트 논술 한국대표문학〉은 이에 유의하여 다음과 같이 편찬하였습니다.

① 초 · 중 · 고 교과서에 실린 고전 및 현대 문학 작품부터 〈삼국유사〉, 〈난중일기〉, 〈목민심서〉 등 우리의 정신을 일깨워 주고 우리에게 지혜와 용기를 준 '위대한 한국 고전'에 이르기까지 한 권 한 권을 가려 뽑았습니다.

② 각 권의 내용과 특성을 분석하여, '작가와 작품 스터디', '논술 가이드' 등을 덧붙여 생각하는 힘, 표현하는 힘을 키울 수 있도록 각 분야의 권위 학자, 논술 전문가들이 심혈을 기울였습니다.

③ 특히 현대 문학 부문은 최근 학계에서, 이 때까지의 오류를 바로잡아 정확한 텍스트를 확정한 것을 반영하였고, 고전 부문은 쉽고 아름다운 현대 국어로 재현하였습니다.

④ 각 작품에 관련된 작가의 고향을 비롯한 작품의 배경, 작품의 참고 자료 등을 일일이 답사 촬영하거나 수집 · 정리하여 화보로 꾸몄고, 각 작품의 갈피 갈피마다 아름다운 그림을 넣어, 작품에 좀더 친근감 있게 접근할 수 있도록 하였습니다.

이 〈베스트 논술 한국대표문학〉이 여러분이 '큰 사람', '슬기로운 사람'이 되는 데 충실한 밑거름이 되기를 바랍니다.

〈베스트 논술 한국대표문학〉 편찬위원회

청록파 시인들인
조지훈, 박두진,
박목월의 시로 구
성된 〈청록집〉

박두진의 〈해〉 표지

〈시문학〉의 표지

신경림

김영랑

김지하

박목월의 시비 〈나그네〉

김소월의 시비 〈산유화〉

김소월의 시집

서정주

김남조

김춘수

이상화의 〈빼앗긴 들에도 봄은 오는가〉 시비

빼앗긴 들에도 봄은 오는가　　　이상화

지금은 남의 땅
빼앗긴 들에도 봄은 오는가
나는 온몸에 햇살을 받고
푸른 하늘 푸른 들이 맞붙은 곳으로
가르마 같은 논길을 따라
꿈 속을 가듯 걸어만 간다.
입술을 다문 하늘아, 들아
내 맘에는 나 혼자 온 것 같지를
않구나, 네가 끌었느냐 누가
부르더냐 답답워라 말을 해 다오.
바람은 내 귀에 속삭이며,
한 자국도 섰지 마라 웃자락을
흔들고 종다리는 울타리 너머
아씨같이 구름 뒤에서 반갑다 웃네.
고맙게 잘 자란 보리밭아
간밤 자정이 넘어 내리던 고운 비로
너는 삼단 같은 머리를 감았구나.
내 머리조차 가뿐하다.
혼자라도 가쁘게 나가자.
마른 논을 안고 도는 착한 도랑이
젖먹이 달래는 노래를 하고

제 혼자 어깨춤만 추고 가네.
나비 제비야 깝치지 마라.
맨드라미 들마꽃에도 인사를 해야지
아주까리 기름을 바른 이가 매던
그 들이라 다 보고 싶다.
내 손에 호미를 쥐어 다오.
살찐 젖가슴 같은 부드러운 이 흙을
팔목이 시도록 매고
좋은 땀조차 흘리고 싶다.
강가에 나온 아이와 같이
잠도 모르고 끝도 없이 닫는
내 혼아 무엇을 찾느냐 어디로
가느냐 우스웁다 답을 하려무나.
나는 온몸에 풋내를 띠고
푸른 웃음 푸른 설움이 어우러진
사이로 다리를 절며 하루를 걷는다
아마도 봄 신령이 접혔나 보다.
그러나 지금은 들을 빼앗겨
봄조차 빼앗기겠네.

개벽(開闢) 1926년 6월호

조병화

이육사의 시비

김수영

노천명

심훈 〈그 날이 오면〉의 시비

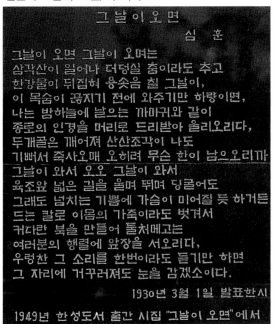

그날이 오면

심 훈

그날이 오면 그날이 오며는
삼각산이 일어나 더덩실 춤이라도 추고
한강물이 뒤집혀 용솟음 칠 그날이,
이 목숨이 끊지기 전에 와주기만 하량이면,
나는 밤하늘에 날으는 까마귀와 같이
종로의 인경을 머리로 드리받아 울리오리다,
두개골은 깨어져 산산조각이 나도
기뻐서 죽사오매 오히려 무슨 한이 남으오리까

그날이 와서 오오 그날이 와서
육조앞 넓은 길을 울며 뛰며 딩굴어도
그래도 넘치는 기쁨에 가슴이 미어질 듯 하거든
드는 칼로 이몸의 가죽이라도 벗겨서
커다란 북을 만들어 둘쳐메고는
여러분의 행렬에 앞장을 서오리다,
우렁찬 그 소리를 한번이라도 듣기만 하면
그 자리에 거꾸러져도 눈을 감겠소이다.

1930년 3월 1일 발표한시

1949년 한성도서 출간 시집 "그날이 오면" 에서

윤동주의 시비 〈서시〉

차례

한국 대표 시선

차례

해에게서 소년에게

최남선

1
처……ㄹ썩, 처……ㄹ썩, 척, 쏴……아.
때린다, 부순다, 무너 버린다.
태산 같은 높은 뫼, 집채 같은 바윗돌이나,
요것이 무어야, 요게 무어야.
나의 큰 힘 아느냐, 모르느냐, 호통까지 하면서
때린다, 부순다, 무너 버린다.
처……ㄹ썩, 처……ㄹ썩, 척, 튜르릉, 콱.

2
처……ㄹ썩, 처……ㄹ썩, 척, 쏴……아.
내게는 아무것도 두려움 없어,
육상에서, 아무런 힘과 권을 부리던 자라도,
내 앞에 와서는 꼼짝 못하고,
아무리 큰 물건도 내게는 행세하지 못하네.
내게는 내게는 나의 앞에는.
처……ㄹ썩, 처……ㄹ썩, 척, 튜르릉, 콱.

3
처……ㄹ썩, 처……ㄹ썩, 척, 쏴……아.
나에게 절하지 아니한 자가,
지금까지 있거든 통기하고 나서 보아라.
진시황, 나팔륜, 너희들이냐,
누구 누구 누구냐, 너희 역시 내게는 굽히도다.
나하고 겨룰 이 있건 오너라.
처……ㄹ썩, 처……ㄹ썩, 척, 튜르릉, 콱.

4
처……ㄹ썩, 처……ㄹ썩, 척, 쏴……아.
조그만 산 모를 의지하거나,
좁쌀 같은 작은 섬, 손뼉 만한 땅을 가지고,
그 속에 있어서 영악한 체를,
부리면서, 나 혼자 거룩하다 하는 자,
이리 좀 오너라, 나를 보아라.
처……ㄹ썩, 처……ㄹ썩, 척, 튜르릉, 콱.

5
처……ㄹ썩, 처……ㄹ썩, 척, 쏴……아.
나의 짝 될 이는 하나 있도다.
크고 길고, 넓게 뒤덮은 바 저 푸른 하늘.
저것은 우리와 틀림이 없어,
작은 시비 작은 쌈 온갖 더러운 것 없도다.
저 따위 세상에 저 사람처럼.
처……ㄹ썩, 처……ㄹ썩, 척, 튜르릉, 콱.

6

처……ㄹ썩, 처……ㄹ썩, 척, 쏴……아.

저 세상 저 사람 모두 미우나,

그 중에서 똑 하나 사랑하는 일이 있으니,

담 크고 순정(純情)한 소년배들이,

재롱처럼 귀엽게 나의 품에 와서 안김이로다.

오너라, 소년배 입맞춰 주마.

처……ㄹ썩, 처……ㄹ썩, 척, 튜르릉, 콱.

최남선(1890~1957)

호는 육당. 서울에서 태어났으며, 일본 와세다 대학에서 공부하였다. 개화기 신문화 운동의 선구자로 기미 독립 선언문을 기초하였고, 우리 나라 최초의 잡지 〈소년〉을 창간했다. 1920년대에는 정인보, 이병기 등과 함께 시조 부흥 운동을 일으켰으며, 시집으로 〈백팔 번뇌〉가 있다.

비둘기

이광수

오오 봄 아침에 구슬프게 우는 비둘기
죽은 그 애가 퍽으나도 설게 듣던 비둘기
그 애가 가는 날 아침에도 꼭 저렇게 울더니.

그 애, 그 착한 딸이 죽은 지도 벌써 일 년
'나도 죽어서 비둘기가 되고 싶어
산으로 돌아다니며 울고 싶어' 하더니

이광수(1892~ ?)

호는 춘원. 평북 정주에서 태어났으며 와세다 대학을 중퇴하였다. 신문학 초기 이래 계몽 사상을 기초로 하여 많은 소설과 논설을 발표하여 숱한 영향을 끼쳤으며, 기미년을 안팎으로 국내외에서 독립 운동에 가담하기도 했다. 불행하게도 6·25 전쟁 때 납북되어 소식이 두절되었다.

봄은 간다

김억

밤이도다.
봄이도다.

밤만도 애달픈데,
봄만도 생각인데,

날은 빠르다.
봄은 간다.

깊은 생각은 아득이는데,
저 바람에 새가 슬피 운다.

검은 내 떠돈다.
종소리 빗긴다.

말도 없는 밤의 설움.
소리 없는 봄의 가슴.

꽃은 떨어진다.
님은 탄식한다.

김억(1896~?)

　호는 안서. 평안북도 정주에서 태어났으며, 일본 게이오 대학에서 공부
하였다. 서구 상징주의 시를 비롯한 해외 시를 소개하고, 평론과 시론을
통해서 신시의 지표를 마련하는 등 신시 운동의 선구자로 평가받고 있다.
시집으로는 〈해파리의 노래〉, 번역집으로 〈오뇌의 무도〉 등이 있다.

논개

변영로

거룩한 분노는
종교보다도 깊고
불붙는 정열은
사랑보다도 강하다.
아! 강낭콩꽃보다도 더 푸른
그 물결 위에
양귀비꽃보다도 더 붉은
그 마음 흘러라.

아리땁던 그 아미
높게 흔들리우며
그 석류 속 같은 입술
죽음을 입맞추었네.
아! 강낭콩꽃보다도 더 푸른
그 물결 위에
양귀비꽃보다도 더 붉은
그 마음 흘러라.

흐르는 강물은
길이길이 푸르리니
그대의 꽃다운 혼
어이 아니 붉으랴.
아! 강낭콩꽃보다도 더 푸른
그 물결 위에
양귀비꽃보다도 더 붉은
그 마음 흘러라.

변영로(1897~1961)

호는 수주. 서울에서 태어났으며, 중앙학교를 거쳐 미국으로 건너가 공부하였다. 그의 시는 우리말의 아름다움을 담은 서정적 시어 속에 민족적 정서를 잘 그린 것으로 평가를 받는다. 시집으로는 〈조선의 마음〉, 수필집 〈집수주 시문선〉 등이 있다.

물결

노자영

물결이 바위에
부딪치면은
새하얀 구슬이
떠오릅니다.

이 맘이 고민에
부딪치면은
시커먼 눈물만
솟아납니다.

물결의 구슬은
해를 타고서
무지개 나라에
흘러가지요…….

그러나 이 마음의 눈물은
해도 없어서
서러운 가슴만
썩이는구려.

노자영(1898~1940)

　호는 춘성. 평안 남도에서 태어났으며, 니혼 대학에서 공부하였다. 저서
에 시집 〈처녀의 화환〉, 〈내 혼이 불탈 때〉 외에 소설 〈반항〉 등이 있다.

나는 왕이로소이다

홍사용

나는 왕이로소이다. 나는 왕이로소이다. 어머님의 가장 어여쁜 아들 나는 왕이로소이다. 가장 가난한 농군의 아들로서…….

그러나, 시왕전에서도 쫓기어 난 눈물의 왕이로소이다

'맨 처음으로 내가 너에게 준 것이 무엇이냐' 이렇게 어머니께서 물으시며는

'맨 처음으로 어머니께 받은 것은 사랑이었지요마는 그것은 눈물이더이다' 하겠나이다. 다른 것도 많지요마는…….

'맨 처음으로 네가 나에게 한 말이 무었이냐' 이렇게 어머니께서 물으시며는

맨 처음으로 어머니께 드린 말씀은 '젖 주셔요' 하는 그 소리였지요마는, 그것은 '으아 ―' 하는 울음이었나이다' 하겠나이다. 다른 말씀도 많지요마는…….

이것은 노상 왕에게 들리어 주신 어머니의 말씀인데요.

  왕이 처음으로 이 세상에 올 때에는 어머니의 흘리신 피를 몸에다 휘감고 왔더랍니다.

  그 날에 동네의 늙은이와 젊은이들은 모두 '무엇이냐' 고 쓸데없는 물음질로 한창 바쁘게 오고갈 때에도

  어머니께서는 기꺼움보다도 아무 대답도 없이 속 아픈 눈물만 흘리셨답니다.

  빨가숭이 어린 왕 나도 어머니의 눈물을 따라서 발버둥질치며 '으아 ―' 소리쳐 울더랍니다.

그 날 밤도 이렇게 달 있는 밤인데요

으스름 달이 무리스고 뒷동산에 부엉이 울던 밤인데요

어머니께서는 구슬픈 옛이야기를 하시다가요, 일없이 한숨을 길게 쉬시며 웃으시는 듯한 얼굴을 얼른 숙이시더이다.

왕은 노상 버릇인 눈물이 나와서 그만 끝까지 섧게 울어 버렸소이다. 울음의 뜻은 도무지 모르면서도요.

어머니께서 조으실 때에는 왕만 혼자 울었소이다.

어머니께서 지으시는 눈물이 젖 먹는 왕의 뺨에 떨어질 때면 왕도 따라서 시름없이 울었소이다.

열한 살 먹던 해 정월 열나흘 날 밤, 맨재텀이로 그림자를 보러 갔을 때인데요, 명이나 긴가 짜른가 보랴고.

왕의 동무 잘난꾼 아이들이 심술스럽게 놀리더이다. 모가지 없는 그림자라고요.

왕은 소리쳐 울었소이다. 어머니께서 들으시도록, 죽을까 겁이 나서요.

나무꾼의 산타령을 따라가다가 건넛산 산비탈로 지나가는 상두꾼의 구슬픈 노래를 처음 들었소이다.

그 길로 옹달 우물로 가자고 지름길로 들어서며는 찔레나무 가시덤불에서 처량히 우는 한 마리 파랑새를 보았소이다.
그래 철없는 어린 왕 나는 동무라 하고 좇아가다가, 돌부리에 걸리어 넘어져서 무릎을 비비며 울었소이다.

할머니 산소 앞에 꽃 심으러 가던 한식날 아침에
어머니께서는 왕에게 하얀 옷을 입히시더이다.
그리고 귀밑머리를 단단히 땋아 주시며,
'오늘부터는 아무쪼록 울지 말아라'
아아, 그 때부터 눈물의 왕은 —— 어머니 몰래 남 모르게 속 깊이 소리 없이 혼자 우는 그것이 버릇이 되었소이다.

누우런 떡갈나무 우거진 산길로 허물어지는 봉화 뚝 앞으로 쫓긴 이의 노래를 부르며 어슬렁거릴 때에, 바위 밑에 돌부처는 모른체 하며 감중련하고 앉았더이다.

아, 뒷동산 장군바위에서 날마다 자고 가는 뜬구름은 얼마나 많이 왕의 눈물을 싣고 갔는지요.

나는 왕이로소이다. 어머니의 외아들 나는 이렇게 왕이로소이다.

그러나 그러나 눈물의 왕 —— 이 세상 어느 곳에든지 설움이 있는 땅은 모두 왕의 나라로소이다.

홍사용(1900~1947)

호는 노작. 경기도 수원에서 태어났으며, 휘문의숙에서 공부하였다. 감상적이고도 동심적인 추억을 바탕삼아 향수 어린 서정시를 개척했다. 애상적 낭만주의 경향의 눈물과 한숨의 시를 발표하여 낭만주의의 대표적 시인으로 평가받는다.

불놀이

주요한

아아 날이 저문다. 서편 하늘에, 외로운 강물 위에 스러져가는 분홍빛 놀…… 아아, 해가 저물면, 날마다 살구나무 그늘에 혼자 우는 밤이 또 오건마는, 오늘은 사월이라 파일날, 큰 길을 물밀어가는 사람 소리…… 듣기만 하여도 흥성스러운 것을, 왜 나만 혼자 가슴에 눈물을 참을 수 없는고?

아아 춤을 춘다. 춤을 춘다. 시뻘건 불덩이가 춤을 춘다. 잠잠한 성문 위에서 내려다보니, 물 냄새 모래 냄새, 밤을 깨물고 하늘을 깨무는, 횃불이 그래도 무엇이 부족하여 제 몸까지 물고 뜯으며, 혼자서 어두운 가슴 품은 젊은 사람은, 과거의 퍼런 꿈을 찬 강물 위에 내어 던지나, 무정한 물결이 그 그림자를 멈출 리가 잇으랴? —— 아아, 꺾어서 시들지 않는 꽃도 없건마는, 가신 임 생각에 살아도 죽은 이 마음이야, 에라 모르겠다. 저 불길로 이 가슴 태워 버릴까. 어제도 아픈 발 끌면서 무덤에 가 보았더니 겨울에는 말랐던 꽃이 어느덧 피었더라마는, 사랑의 봄은 또다시 안 돌아오는가. 차라리 속 시원히 오늘밤 이 물 속에…… 그러면 행여나 불쌍히 여겨 줄 이나 있을까…… 할 적에 퉁탕, 불티를 날리면서 튀어나는 매화포, 펄떡 정신을 차리니, 우구구 떠드는 구경꾼의 소리가 저를 비웃는 듯, 꾸짖는 듯. 아아 좀더 강렬한 정열에 살고 싶다. 저기 저 횃불처럼 엉기는 연기, 숨 막히는 불꽃의 고통 속에서라도 더욱 뜨거운 삶을 살고 싶다고 뜻밖에 가슴 두근거리는것은 나의 마음…….

사월달 따스한 바람이 강을 넘으면, 청류벽 모란봉 높은 언덕 위에 허어옇게 흐늑이는 사람 떼, 바람이 와서 불 적마다 불빛에 물든 물결이 미친 웃음을 웃으니, 겁 많은 물고기는 모래 밑에 들어박히고, 물결 치는 뱃슭에서 졸음 오는 '리즘' 의 형상이 오락가락 —— 어른거리는 그림자, 일어나는 웃음소리, 달아 논 등불 밑에서 목청껏 길게 빼는 어린 기생의 노래, 뜻밖에 정욕을 이끄는 불구경도 이제는 겹고, 한잔 한 잔 또 한잔, 끝없는 술도 이제는 싫어, 지저분한 배 밑창에 맥없이 누우며 까닭 모르는 눈물은 눈을 데우며, 간단없는 장구 소리에 겨운 남자들은 때때로 불 이는 욕심에 못 견디어 번득이는 눈으로 뱃가에 뛰어나가면, 뒤에 남은 죽어 가는 촛불을 우그러진 치마깃 위에 조을때, 뜻있는 듯이 찌걱거리는 배 젓개 소리는 더욱 가슴을 누른다…….

아아 강물이 웃는다. 웃는다. 괴상한 웃음이다. 차디찬 강물이 컴컴한 하늘을 보고 웃는 웃음이다. 아아, 배가 올라온다. 배가 오른다. 바람이 불 적마다 슬프게 슬프게 삐걱거리는 배가 오른다…….

저어라 배를, 멀리서 잠자는 능라도까지, 물살 빠른 대동강을 저어 오르라. 거기 너의 애인이 맨발로 서서 기다리는 언덕으로, 곧추 너의 뱃머리를 돌리라. 물결 끝에서 일어나는 추운 바람도 무엇이리오. 괴이한 웃음소리도 무엇이리오. 사랑 잃은 청년의 가슴 속도 너에게야 무엇이리오. 그림자 없이는 '밝음'도 있을 수 없거늘 ──.

오오 다만 네 확실한 오늘을 놓치지 말라.

오오, 사르라, 사르라! 오늘 밤! 너의 빨간 횃불을, 빨간 입술을, 눈동자를, 또한 너의 빨간 눈물을…….

주요한(1900~1979)
　호는 송아. 평양에서 태어났으며, 일본 메이지 학원과 중국 상하이 호강 대학에서 공부하였다. 초기에는 상징적인 시를 썼으며, 후기에는 밝고 건강한 정서의 민요시와 시조를 썼다. 시집으로 〈아름다운 새벽〉, 〈3인 시가집〉, 〈봉사꽃〉 등이 있다.

내 마음은

김동명

내 마음은 호수요,
그대 저어 오오.
나는 그대의 흰 그림자를 안고
옥같이 그대의 뱃전에 부서지리다.

내 마은은 촛불이오,
그대 저 문을 닫아 주오.
나는 그대의 비단 옷자락에 떨며, 고요히
최후의 한 방울도 남김없이 타오리다.

내 마음은 나그네요,
그대 피리를 불어 주오.
나는 달 아래 귀를 기울이며, 호젓이
나의 밤을 새우오리다.

내 마음은 낙엽이요,
잠깐 그대의 뜰에 머무르게 하오.
이제 바람이 일면 나는 또 나그네같이, 외로이
그대를 떠나오리다.

김동명(1900~1968)

호는 초허. 강원도 명주에서 태어났으며, 일본 아오야마 학원에서 공부하였다. 1923년 〈개벽〉 10월호에 보들레르에게 바치는 시 〈당신이 만약 내게 문을 열어 주시면〉을 발표하면서 문단에 데뷔하여 해방 후에는 현실과 정치에 치우치기도 하였다. 작품으로는 시집 〈나의 거문고〉, 〈파초〉 등이 있다.

봄은 고양이로소이다

이장희

꽃가루와 같이 부드러운 고양이의 털에
고운 봄의 향기가 어리우도다.

금방울과 같이 호동그란 고양이의 눈에
미친 봄의 불길이 흐르도다.

고요히 다물은 고양이의 입술에
포근한 봄 졸음이 떠돌아라.

날카롭게 쭉 뻗은 고양이의 수염에
푸른 봄의 생기가 뛰놀아라.

이장희(1900~1929)
　　호는 고월. 즉물적인 감각으로 심미적인 이미지를 표출하는 시를 썼다.
27세를 일기로 음독 자살하였다. 작품으로는 〈고양이의 꿈〉 등이 있다.

빼앗긴 들에도 봄은 오는가

이상화

지금은 남의 땅 —— 빼앗긴 들에도 봄은 오는가?

나는 온몸에 햇살을 받고,
푸른 하늘 푸른 들이 맞붙은 곳으로,
가르마 같은 논길을 따라 꿈 속을 가듯 걸어만 간다.

입술을 다문 하늘아, 들아,
내 맘에는 나 혼자 온 것 같지를 않구나!
네가 끌었느냐, 누가 부르더냐. 답답워라, 말을 해 다오.

바람은 내 귀에 속삭이며,
한 자욱도 섰지 마라, 옷자락을 흔들고.
종다리는 울타리 너머 아가씨같이 구름 뒤에서 반갑다 웃네.

고맙게 잘 자란 보리밭아,
간밤 자정이 넘어 내리던 고운 비로
너는 삼단 같은 머리털을 감았구나. 내 머리조차 가뿐하다.

혼자라도 기쁘게나 가자.
마른 논을 안고 도는 착한 도랑이 젖먹이 달래는 노래를 하고,
제 혼자 어깨춤만 추고 가네.

나비, 제비야, 깝치지 마라.
맨드라미, 들마꽃에도 인사를 해야지.
아주까리기름을 바른 이가 지심 매던 그 들이라 다 보고 싶다.

내 손에 호미를 쥐어 다오.
살진 젖가슴 같은 부드러운 이 흙을
발목이 시도록 밟아도 보고 좋은 땀조차 흘리고 싶다.

강가에 나온 아이와 같이,
짬도 모르고 끝도 없이 닫는 내 혼아,
무엇을 찾느냐? 어디로 가느냐? 웃어웁다, 답을 하려무나.

나는 온몸에 풋내를 띠고,
푸른 웃음, 푸른 설움이 어우러진 사이로,
다리를 절며 하루를 걷는다. 아마도 봄신령이 지폈나 보다.

그러나, 지금은 —— 들을 빼앗겨 봄조차 빼앗기겠네.

나의 침실로

이상화

―가장 아름답고 오랜 것은 오직 꿈 속에만 있어라. : 내 말 ―

'마돈나' 지금은 밤도, 모든 목거지에, 다니노라 피곤하여 돌아가려는도다,

아, 너도, 먼동이 트기 전으로, 수밀도의 네 가슴에, 이슬이 맺도록 달려 오너라.

'마돈나' 오려무나, 네 집에서 눈으로 유전하던 진주는, 다 두고 몸만 오너라,

빨리 가자, 우리는 밝음이 오면, 어딘지도 모르게 숨는 두 별이어라.

'마돈나' 구석지고도 어둔 마음의 거리에서, 나는 두려워 떨며 기다리노라,

아, 어느덧 첫닭이 울고 ― 뭇개가 짖도다, 나의 아씨여, 너도 듣느냐.

'마돈나' 지난 밤이 새도록, 내 손수 닦아 둔 침실로 가자, 침실로!
　낡은 달은 빠지려는데, 내 귀가 듣는 발자욱 — 오, 너의 것이냐?

　'마돈나' 짧은 심지를 더우잡고, 눈물도 없이 하소연하는 내 맘의 촛불을 봐라,
　양털 같은 바람결에도 질식이 되어, 얄푸른 연기로 꺼지려는도다.

　'마돈나' 오너라 가자, 앞산 그르메가, 도깨비처럼, 발도 없이 가까이 오도다,
　아, 행여나, 누가 볼는지—가슴이 뛰누나, 나의 아씨여, 너를 부른다.

　'마돈나' 날이 새련다, 빨리 오려무나, 사원의 쇠북이, 우리를 비웃기 전에,
　네 손이 내 목을 안아라, 우리도 이 밤과 같이, 오랜 나라로 가고 말자.

'마돈나' 뉘우침과 두려움의 외나무다리 건너 있는 내 침실 열 이도 없느니!

아, 바람이 불도다, 그와 같이 가볍게 오려무나, 나의 아씨여, 네가 오느냐?

'마돈나' 가엾어라, 나는 미치고 말았는가, 없는 소리를 내 귀가 들음은 ―.

내 몸에 파란 피 ― 가슴의 샘이, 말라버린 듯, 마음과 목이 타려는도다.

'마돈나' 언젠들 안 갈 수 있으랴, 갈 테면, 우리가 가자, 끄을려 가지 말고!

너는 내 말을 믿는 '마리아' — 내 침실이 부활의 동굴임을 네야 알련
만……

'마돈나' 밤이 주는 꿈, 우리가 얽는 꿈, 사람이 안고 궁구는 목숨의
꿈이 다르지 않으니,
아, 어린애 가슴처럼 세월 모르는 나의 침실로 가자, 아름답고 오랜
거기로.

'마돈나' 별들의 웃음도 흐려지려 하고, 어둔 밤 물결도 잦아지려는
도다.
아, 안개가 사라지기 전으로, 네가 와야지, 나의 아씨여, 너를 부른
다.

이상화(1901~1943)
호는 상화. 대구에서 태어났으며, 중앙 학교를 거쳐 일본 도쿄에서 공부
하였다. 초기에는 탐미적, 감상적인 낭만주의 작품을 썼으나, 나중에는 식
민지 지식인의 비애를 탐미적 수법으로 노래하였다.

그 날이 오면

심훈

그 날이 오면, 그 날이 오면은
삼각산이 일어나 더덩실 춤이라도 추고
한강물이 뒤집혀 용솟음칠 그 날이
이 목숨이 끊기기 전에 와 주기만 할 양이면
나는 밤 하늘에 나는 까마귀와 같이
종로의 인경을 머리로 들이받아 울리오리다.
두개골은 깨어져 산산조각이 나도
기뻐서 죽사오매 오히려 무슨 한이 남으오리까.

그 날이 와서, 오오 그 날이 와서
육조 앞 넓은 길을 울며 뛰며 뒹굴어도
그래도 넘치는 기쁨에 가슴이 미어질 듯하거든
드는 칼로 이 몸의 가죽이라도 벗겨서
커다란 북을 만들어 들쳐메고는
여러분의 행렬에 앞장을 서오리다.
우렁찬 그 소리를 한 번이라도 듣기만 하면
그 자리에 거꾸러져도 눈을 감겠소이다.

심훈(1901~1936)

호는 해풍, 본명은 대섭이다. 서울에서 태어나 경성 제일 고보에서 공부
하던 중 3·1 운동에 참가하여 일본 경찰에 체포, 투옥되었다. 그 후 중국
으로 건너가 지강 대학에서 공부하였다. 1920년대 중반에는 카프에 가담
하여 현실 참여적 경향시를 쓰다가 1930년 이후에는 소설에 주력하였다.
대표작으로 농촌 계몽 소설인 〈상록수〉, 〈직녀성〉 등이 있고, 시집으로는
〈그 날이 오면〉 등이 있다.

산 너머 남촌에는

김동환

1
산 너머 남촌에는 누가 살길래
해마다 봄바람이 남으로 오네.

꽃 피는 사월이면 진달래 향기,
밀 익는 오월이면 보리 내음새,

어느 것 한 가진들 실어 안 오리.
남촌서 남풍 불 제 나는 좋데나.

2
산 너머 남촌에는 누가 살길래
저 하늘 저 빛깔이 저리 고울까?

금잔디 넓은 벌엔 호랑나비 떼
버들밭 실개천엔 종달새 노래,

어느 것 한 가진들 들려 안 오리.
남촌서 남풍 불 제 나는 좋데나.

3
산 너머 남촌에는 배나무 있고
배나무 꽃 아래엔 누가 섰다기,

그리운 생각에 영에 오르니
구름에 가리어 아니 보이네.

끊였다 이어 오는 가느단 노래
바람을 타고서 고이 들리네.

국경의 밤

김동환

"아하, 무사히 건넜을까,
이 한밤에 남편은
두만강을 탈없이 건넜을까?

저리 국경 강안을 경비하는
외투 쓴 검은 순사가
왔다 — 갔다 —
오르명 내리명 분주히 하는데
발각도 안 되고 무사히 건넜을까?"

소금실이 밀수출 마차를 띄워 놓고
밤새 가며 속태우는 젊은 아낙네,
물레 젓던 손도 맥이 풀어져
'파!' 하고 붙는 어유등잔만 바라본다.
북국의 겨울 밤은 차차 깊어 가는데.

어데서 불시에 땅 밑으로 울려 나오는 듯,
"어 — 이"하는 날카로운 소리 들린다.
저 서쪽으로 무엇이 오는 군호라고
촌민들이 넋을 잃고 우두두 떨 적에,
처녀만은 잡히우는 남편의 소리라고
가슴 뜯으며 긴 한숨을 쉰다 —
눈보라에 늦게 내리는
영림창 산림실이 벌부 떼 소리언만.

마지막 가는 병자의 부르짖음 같은
애처로운 바람 소리에 싸이어
어디서 '땅' 하는 소리 밤 하늘을 짼다.
뒤대어 요란한 발자취 소리에
백성들은 또 무슨 변이 났다고 실색하여 숨죽일 때,
이 처녀만은 강도 채 못 건넌 채 얻어맞는 사내 일이라고
문비탈을 쓰러안고 흑흑 느껴가며 운다.
겨울에도 한 삼동, 별빛에 따라
고기잡이 얼음장 끊는 소리언만.
〈후략〉

김동환(1901~?)
　호는 파인. 함경 북도 경성에서 태어났으며, 일본 도요 대학에서 공부하
였다. 최초의 서사시 〈국경의 밤〉에서 황토색 짙은 민족 정서의 시풍을 보
여 주었으나, 일제의 탄압이 심해지자 민요시로 전향했다. 6 · 25 전쟁 때
납북되어 생사가 확인되지 않는다. 시집으로는 〈국경의 밤〉, 〈승천하는 청
춘〉 등이 있다.

남으로 창을 내겠소

김상용

남으로 창을 내겠소.
밭이 한참 갈이
괭이로 파고
호미론 김을 매지요.

구름이 꼬인다 갈 리 있소.
새 노래는 공으로 들으랴오.
강냉이가 익걸랑
함께 와 자셔도 좋소.

왜 사냐건
웃지요.

김상용(1902~1951)

호는 월파. 경기도 연천에서 태어났으며, 보성 고보를 거쳐 일본 릿쿄 대학에서 공부하였다. 전원에의 사랑과 토속적 특색을 띤 작품들을 많이 썼다. 이화 여전에서 교편을 잡았으며, 시집으로는 〈망향〉이 있다. 〈망향〉에는 27편의 작품이 수록되어 있는데, 표지를 태지로 싸서 묶은 이 시집에 실린 제자들의 이름을 육필로 쓴것이 특징이다.

모란이 피기까지는

김영랑

모란이 피기까지는
나는 아직 나의 봄을 기다리고 있을 테요.
모란이 뚝뚝 떨어져 버린 날
나는 비로소 봄을 여읜 설움에 잠길 테요.
오월 어느 날, 그 하루 무덥던 날
떨어져 누운 꽃잎마저 시들어 버리고는

천지에 모란은 자취도 없어지고
뻗쳐오르던 내 보람 서운케 무너졌느니
모란이 지고 나면 그뿐, 내 한 해는 다 가고 말아
삼백예순 날 하냥 섭섭해 우옵내다.
모란이 피기까지는
나는 아직 기다리고 있을 테요, 찬란한 슬픔의 봄을.

돌담에 속삭이는 햇발

김영랑

돌담에 속삭이는 햇발같이
풀 아래 웃음짓는 샘물같이
내마음 고요히 고운 봄길 위에
오늘 하루 하늘을 우러르고 싶다.

새악시 볼에 떠오는 부끄런같이
시의 가슴에 살포시 젖는 물결같이
보드레한 에메랄드 얇게 흐르는
실비단 하늘을 바라보고 싶다.

내 마음을 아실 이

내 마음을 아실 이
내 혼자 마음 날같이 아실 이
그래도 어데나 계실 것이면,

내 마음에 때때로 어리우는 티끌과
속임 없는 눈물의 간곡한 방울방울,
푸른 밤 고이 맺는 이슬 같은 보람을
보밴 듯 감추 었다 내어 드리지.

아! 그립다.
내 혼자 마음 날같이 아실 이
꿈에나 아득히 보이는가.

향 맑은 옥돌에 불이 달아
사랑은 타기도 하오련만
불빛에 연긴 듯 희미론 마음은
사랑도 모르리, 내 혼자 마음은.

내 마음 아실 이

김영랑

내 마음을 아실 이
내 혼자 마음 날같이 아실 이
그래도 어디나 계실 것이면,

내 마음에 때때로 어리우는 티끌과
속임 없는 눈물의 간곡한 방울방울,
푸른 밤 고이 맺는 이슬 같은 보람을
보밴 듯 감추었다 내어 드리지.

아! 그립다.
내 혼자 마음 날같이 아실 이
꿈에나 아득히 보이는가.

향 맑은 옥돌에 불이 달아
사랑은 타기도 하오련만
불빛에 연긴 듯 희미론 마음은
사랑도 모르리, 내 혼자 마음은.

오월

김영랑

들길은 마을에 들자 붉어지고
마을 골목은 들로 내려서자 푸르러졌다.
바람은 넘실 천(千) 이랑 만(萬) 이랑
이랑 이랑 햇빛이 갈라지고
보리도 허리통이 부끄럽게 드러났다.
꾀꼬리는 여태 혼자 날아 볼 줄 모르나니
암컷이라 쫓길 뿐
수놈이라 쫓을 뿐
황금 빛난 길이 어지럴 뿐
얇은 단장하고 아양 가득 차 있는
산봉우리야, 오늘 밤 너 어디로 가 버리련?

끝없는 강물이 흐르네

김영랑

내 마음의 어딘 듯 한 편에 끝없는
강물이 흐르네.
돋쳐 오르는 아침 날 빛이 빤질한
은결을 도도네.
가슴엔 듯 눈엔 듯 또 핏줄엔 듯
마음이 도른도른 숨어 있는 곳
내 마음의 어딘 듯 한 편에 끝없는
강물이 흐르네.

독을 차고

김영랑

내 가슴에 독(毒)을 찬 지 오래로다.
아직 아무도 해한 일 없는 새로 뽑은 독
벗은 그 무서운 독 그만 흩어 버리라 한다.
나는 그 독이 선뜻 벗도 해할지 모른다고 위협하고

독 안 차고 살아도 머지 않아 너 나 마주 가 버리면
억만 세대가 그 뒤로 잠자코 흘러가고
나중에 땅떵이 모지라져 모래알이 될 것임을
"허무한듸!" 독은 차서 무엇 하느냐고?

아! 내 세상에 태어났음을 원망 않고 보낸
어느 하루가 있었던가, "허무한듸!", 허나
앞뒤로 덤벼든 이리 승냥이 바야흐로 내 마음을 노리매
내 산 채 짐승의 밥이 되어 찢기우고 할키우라 내맡긴 신세임을

나는 독을 차고 선선히 가리라
막음 날 내 외로운 혼(魂)을 건지기 위하여.

김영랑(1903~1950)

본명은 윤식이고 영랑은 호이다. 전라 남도 강진에서 태어났으며, 일본 아오야마 학원에서 공부하였다. 서문학파 동인으로 예술을 위한 예술로서의 순수시를 쓴 대표적 시인이면서 개인적 정서를 세련된 언어로 표현하는 데 주력한 작가이다. 시집으로 〈영랑 시집〉, 〈영랑 시선〉, 〈현대 시집〉 등이 있다.

그대들 돌아오시니
-재외 혁명 동지에게-

정지용

백성과 나라가
이적에 팔리우고
국사에 사신이
오연히 앉은 지
죽음보다 어두운
오호 삼십육 년!

그대들 돌아오시니
피 흘리신 보람 찬란히 돌아오시니!

허울 벗기우고
외로 돌아섰던
산하! 이제 바로 돌아지라.
자취 잃었던 물
옛 자리로 새 소리 흘리어라.
어제 하늘이 아니어니
새론 해가 오르라.

그대들 돌아오시니
피 흘리신 보람 찬란히 돌아오시니!

밭이랑 문희우고
곡식 앗아 가고
이바지 하올 가음마저 없이
금의는커니와
전진 떨리지 않은
융의 그대로 뵈일밖에.

그대들 돌아오시니
피 흘리신 보람 찬란히 돌아오시니!

사오나온 말굽에
일가 친척 흩어지고
늙으신 어버이, 어린 오누이
낯설어 흙에 이름 없이 구르는 백골
상기 불현듯 기다리는 마을마다
그대 어이 꽃을 밟으시리

그대들 돌아오시니
피 흘리신 보람 찬란히 돌아오시니!

비

정지용

돌에
그늘이 차고,

따로 몰리는
소소리 바람.

앞 섰거니 하여
꼬리 치날리어 세우고,

종종다리 까칠한
산새 걸음걸이.

여울지어
수척한 흰 물살,

갈갈이
손가락 펴고.

멎은 듯
새삼 돋는 빛낯.

붉은 잎잎
소란히 밟고 간다.

향수

정지용

넓은 벌 동쪽 끝으로
옛이야기 지줄대는 실개천이 휘돌아 나가고,
얼룩백이 황소가
해설피 금빛 게으른 울음을 우는 곳,

— 그 곳이 차마 꿈엔들 잊힐 리야.

질화로에 재가 식어지면
비인 밭에 밤바람 소리 말을 달리고,
엷은 졸음에 겨운 늙으신 아버지가
짚베개를 돋아 고이시는 곳,

— 그 곳이 차마 꿈엔들 잊힐 리야.

흙에서 자란 내 마음
파아란 하늘빛이 그리워
함부로 쏜 화살을 찾으려
풀섶 이슬에 함초롬 휘적시던 곳,

― 그 곳이 차마 꿈엔들 잊힐 리야.

전설 바다에 춤추는 밤물결 같은
검은 귀밑머리 날리는 어린 누이와
아무렇지도 않고 예쁠 것도 없는
사철 발 벗은 아내가
따가운 햇살을 등에 지고 이삭 줍던 곳,

― 그 곳이 차마 꿈엔들 잊힐 리야.

하늘에는 성근 별
알 수도 없는 모래성으로 발을 옮기고,
서리까마귀 우지짖고 지나가는 초라한 지붕,
흐릿한 불빛에 둘러앉아 도란도란거리는 곳,

— 그 곳이 차마 꿈엔들 잊힐 리야.

난초

정지용

난초 잎은
차라리 수묵색

난초 잎에
엷은 안개와 꿈이 오다.

난초 잎은
한밤에 여는 다문 입술이 있다.

난초 잎은
별빛에 눈 떴다 돌아 눕다.

난초 잎은
드러난 팔굽이를 어쩌지 못한다.

난초 잎에
적은 바람이 오다.

난초 잎은
칩다.

유리창

정지용

유리에 차고 슬픈 것이 어른거린다.
열없이 붙어서서 붙어서서 입김을 흐리우니
길들은 양 언 날개를 파닥거린다.
지우고 보고 지우고 보아도
새까만 밤이 밀려나가고 밀려와 부딪히고,
물먹은 별이, 반짝, 보석처럼 박힌다.

밤에 홀로 유리를 닦는 것은
외로운 황홀한 심사이어니,
고운 폐혈관이 찢어진 채로
아아 너는 산새처럼 날아갔구나!

바다

정지용

오·오·오·오·오· 소리치며 달려가니,
오·오·오·오·오· 연달아서 몰아 온다.

간밤에 잠 살포시
머언 뇌성이 울더니,

오늘 아침 바다는
포도빛으로 부풀어졌다.

철썩, 처얼썩, 철썩, 처얼썩, 철썩
제비 날아들 듯 물결 사이사이로 춤을 추어.

호 수

정지용

얼굴 하나야
손바닥 둘로
폭 가리지만,

보고싶은 마음
호수만하니
눈감을밖에,

정지용(1903~?)

충북 옥천에서 태어났으며, 일본 도지샤 대학에서 공부하였다. 시문학 동인으로 활동하다가 '구인회'에 가담하였다. 모더니즘의 경향을 강하게 보여 주었으며, 감각적인 시어와 선명한 이미지를 구사했다. 그러다가 30년대 후반부터 동양적인 관조와 고독의 세계를 다루었다. 6·25 전쟁 때 납북되어 행방불명이 되었다. 시집으로 〈정지용 시집〉, 〈백록담〉, 〈지용 시선〉 등이 있고, 산문집으로 〈산문〉이 있다.

떠나가는 배

박용철

나두야 간다.
나의 이 젊은 나이를
눈물로야 보낼 거냐
나두야 가련다.

아늑한 이 항구인들 손쉽게야 버릴 거냐
안개같이 물 어린 눈에도 비치나니
골짜기마다 발에 익은 묏부리모양
주름살도 눈에 익은 아아 사랑하는 사람들

버리고 가는 이도 못 잊는 마음
쫓겨 가는 마음인들 무어 다를 거냐
돌아다보는 구름에는 바람이 희살짓는다.
앞 대일 언덕인들 마련이나 있을 거냐

나두야 가련다.
나두 이 젊은 나이를
눈물로야 보낼 거냐
나두야 간다.

박용철(1904~1938)

　호는 용아. 시문학파의 대표답게 예술의 순수성을 적극 옹호하였으며, 주지주의적인 평론을 전개하였다. 유고 시집으로는 〈박용철 전집〉이 있다.

광야

이육사

까마득한 날에
하늘이 처음 열리고
어디 닭 우는 소리 들렸으랴.

모든 산맥들이
바다를 연모해 휘달릴 때도
차마 이 곳을 범하던 못하였으리라.

끊임없는 광음을
부지런한 계절이 피어선 지고
큰 강물이 비로소 길을 열었다.

지금 눈 내리고
매화 향기 홀로 아득하니
내 여기 가난한 노래의 씨를 뿌려라.

다시 천고의 뒤에
백마 타고 오는 초인이 있어
이 광야에서 목놓아 부르게 하리라.

청포도

이육사

내 고장 칠월은
청포도가 익어가는 시절.

이 마을 전설이 주절이주절이 열리고
먼 데 하늘이 꿈꾸며 알알이 들어와 박혀

하늘 밑 푸른 바다가 가슴을 열고
흰 돛 단 배가 곱게 밀려서 오면

내가 바라던 손님은 고달픈 몸으로
청포를 입고 찾아온다고 했으니

내 그를 맞아 이 포도를 따 먹으면
두 손은 함뿍 적셔도 좋으련.

아이야, 우리 식탁엔 은쟁반에
하이얀 모시 수건을 마련해 두렴.

꽃

이육사

동방은 하늘도 다 끝나고
비 한 방울 나리잖는 그 때에도
오히려 꽃은 빨갛게 피지 않는가.
내 목숨을 꾸며 쉬임 없는 날이여!

북쪽 툰드라에도 찬 새벽은
눈 속 깊이 꽃맹아리가 옴작거려
제비떼 까맣게 날아오길 기다리나니.
마침내 저버리지 못할 약속이여!

한바다 복판 용솟음치는 곳
바람결 따라 타오르는 꽃 성(城)에는
나비처럼 취(醉)하는 회상의 무리들아.
오늘 내 여기서 너를 불러 보노라!

교목(喬木)

이육사

푸른 하늘에 닿을 듯이
세월에 불타고 우뚝 남아서서
차라리 봄도 꽃피진 말아라.

낡은 거미집 휘두르고
끝없는 꿈길에 혼자 설레이는
마음은 아예 뉘우침 아니라

검은 그림자 쓸쓸하면
마침내 호수 속 깊이 거꾸러져
차마 바람도 흔들진 못해라.

절정

이육사

매운 계절의 채찍에 갈겨
마침내 북방으로 휩쓸려 오다.

하늘도 그만 지쳐 끝난 고원
서릿발 칼날진 그 위에 서다.

어디다 무릎을 꿇어야 하나
한 발 재겨 디딜 곳조차 없다.

이러매 눈 감아 생각해 볼밖에
겨울은 강철로 된 무지갠가 보다.

이육사(1904~1944)
본명은 원록. 경북 안동에서 태어나 베이징 대학에서 공부하였다. 처녀
작 〈황혼〉을 발표하여 문단에 데뷔하였다. '육사'는 일제 때 의열단에 가
입했다가 투옥되어 불려진 죄수 번호다. 우리 민족의 비운을 소재로 하여
저항 의지와 민족 정신을 노래한 대륙적이고 남성적 어조의 시가 많다. 유
고 시집으로 〈육사 시집〉, 〈청포도〉, 〈광야〉 등이 있다.

성북동 비둘기

김광섭

성북동 산에 번지가 새로 생기면서
본래 살던 성북동 비둘기만이 번지가 없어졌다.
새벽부터 돌 깨는 산울림에 떨다가
가슴에 금이 갔다.
그래도 성북동 비둘기는
하느님의 광장 같은 새파란 아침 하늘에
성북동 주민에게 축복의 메시지나 전하듯
성북동 하늘을 한 바퀴 휘 돈다.

성북동 메마른 골짜기에는
조용히 앉아 콩알 하나 찍어 먹을
널찍한 마당은커녕 가는 데마다
채석장 포성이 메아리쳐서
피난하듯 지붕에 올라앉아
아침 구공탄 굴뚝 연기에서 향수를 느끼다가
산1번지 채석장에 도로 가서
금방 따낸 돌 온기에 입을 닦는다.

예전에는 사람을 성자처럼 보고
사람 가까이서
사람과 같이 사랑하고
사람과 같이 평화를 즐기던
사랑과 평화의 새 비둘기는
이제 산도 잃고 사람도 잃고
사랑과 평화의 사상까지
낳지 못하는 쫓기는 새가 되었다.

김광섭(1905~1977)

호는 이산. 함북 경성에서 태어났으며, 일본 와세다 대학에서 공부하였
다. 민족 의식을 서정적으로 노래했으며, 그 밑바닥에는 냉철한 지성이 깔
려 있다. 4 · 19 후에 은퇴했다가 60년대 후반에 시작에 다시 몰두하여 서
정과 의식의 조화를 이룩하면서 원숙한 경지에 들어섰다. 시집으로는 〈동
경〉, 〈마음〉, 〈성북동 비둘기〉 등이 있다.

그 먼 나라를 알으십니까

신석정

어머니,
당신은 그 먼 나라를 알으십니까?

깊은 삼림 지대를 끼고 돌면
고요한 호수에 흰 물새 날고
좁은 들길에 들장미 열매 붉어.

멀리 노루 새끼 마음놓고 뛰어다니는
아무도 살지 않는 그 먼 나라를 알으십니까?

그 나라에 가실 때에는 부디 잊지 마셔요.
나와 같이 그 나라에 가서 비둘기를 키웁시다.

어머니,
당신은 그 먼 나라를 알으십니까?

산비탈 넌지시 타고 내려오면
양지밭에 흰 염소 한가히 풀 뜯고
길 솟는 옥수수밭에 해는 저물어 저물어

먼 바다 물소리 구슬피 들려오는
아무도 살지 않는 그 먼 나라를 알으십니까?

어머니, 부디 잊지 마셔요.
그 때 우리는 어린 양을 몰고 돌아옵시다.

어머니,
당신은 그 먼 나라를 알으십니까?

오월 하늘에 비둘기 멀리 날고
오늘처럼 촐촐히 비가 내리면
꿩 소리도 유난히 한가롭게 들리리다.
서리까마귀 높이 날아 산국화 더욱 곱고
노오란 은행잎이 한들한들 푸른 하늘에 날리는
가을이면 어머니! 그 나라에서
양지밭 과수원에 꿀벌이 잉잉거릴 때,
나와 함께 그 새빨간 능금을 또옥 똑 따지 않으렵니까?

신석정(1907~1974)

호도 석정이다. 전북 부안에서 태어났으며, 중앙 불전에서 공부하였다. 〈시문학〉 동인으로 활동하였으며, 주로 전원 지향의 목가적 서정시를 썼다. 김동명, 김상용과 함께 3대 전원 시인으로 명성을 떨쳤고, 시집으로는 〈촛불〉, 〈슬픈 목가〉, 〈빙하〉 등이 있다.

바다와 나비

김기림

아무도 그에게 수심을 일러 준 일이 없기에
흰 나비는 도무지 바다가 무섭지 않다.

청 무밭인가 해서 내려갔다가는
어린 날개가 물결에 절어서
공주처럼 지쳐서 돌아온다.

삼월달 바다가 꽃이 피지 않아서 서글픈
나비 허리에 새파란 초생달이 시리다.

김기림(1908~?)

  호는 편석촌. 함북 성진에서 태어났으며, 일본 니혼 대학과 도호쿠 대학
에서 공부하였다. 일본에서 토월회를 조직하였고 귀국 후에는 백조 동인
으로 활동하였다. 1930년대 모더니즘 시 운동을 주도한 이론가이자, 실제
창작을 실험한 시인이기도 하다. 6·25 당시 납북되었다. 시집으로 〈기상
도〉, 〈태양의 풍속〉 등이 있으며, 평론집으로 〈문학 개론〉, 〈시론〉, 〈시의
이해〉 등이 있다.

우리 오빠와 화로

임화

사랑하는 우리 오빠 어저께 그만 그렇게 위하시던 오빠의 거북 무늬 질화로가 깨어졌어요.
언제나 오빠가 우리들의 '피오닐' 조그만 기수라 부르던 영남(永男)이가
지구에 해가 비친 하루의 모 — 든 시간을 담배의 독기 속에다
어린 몸을 잠그고 사 온 그 거북 무늬 화로가 깨어졌어요.

그리하여 지금은 화젓가락만이 불쌍한 우리 영남이하구 저하고처럼
똑 우리 사랑하는 오빠를 잃은 남매와 같이 외롭게 벽에 가 나란히 걸렸어요.

오빠……

저는요 저는요 잘 알았어요.

왜 — 그날 오빠가 우리 두 동생을 떠나 그리로 들어가신 그날 밤에

연거푸 말은 궐련을 세 개씩이나 피우시고 계셨는지

저는요 잘 알았어요 오빠. 〈중략〉

오빠 — 그러나 염려는 마세요.

저는 용감한 이 나라 청년인 우리 오빠와 핏줄을 같이 한 계집애이고

영남이도 오빠도 늘 칭찬하던 쇠 같은 거북 무늬 화로를 사 온 오빠
의 동생이 아니예요?

그리고 참, 오빠, 아까 그 젊은 나머지 오빠의 친구들이 왔다 갔습니다.

　　눈물나는 우리 오빠 동무의 소식을 전해 주고 갔어요.

　　사랑스런 용감한 청년들이었습니다.

　　세상에 가장 위대한 청년들이었습니다.

　　화로는 깨어져도 화젓같은 깃대처럼 남지 않았어요.

　　우리 오빠는 가셨어도 귀여운 '피오닐' 영남이가 있고

　　그리고 모든 어린이 '피오닐'의 따뜻한 누이 품 제 가슴이 아직도 더웁습니다.

그리고 오빠…….

저뿐이 사랑하는 오빠를 잃고 영남이뿐이 굳세인 형님을 보낸 것이
겠습니까?

섧지도 않고 외롭지도 않습니다.

세상에 고마운 청년 오빠의 무수한 위대한 친구가 있고

오빠와 형님을 잃을 수 없는 계집아이와 동생

저희들의 귀한 동무가 있습니다. 〈중략〉

영남이는 여태 잡니다. 밤이 늦었어요.

—누이동생

임화(1908~1953)

시인, 평론가. 본명은 인식. 카프에 가입하여 주도권을 잡았고, 문학 이
외의 정치 활동에 더욱 열을 올렸다. 1947년에 월북하였다. 시집에는 〈현
해탄〉, 〈찬가〉, 평론집에 〈문학과 논리〉 등이 있다.

깃발

유치환

이것은 소리없는 아우성
저 푸른 해원을 향하여 흔드는
영원한 노스탤지어의 손수건
순정은 물결같이 바람에 나부끼고
오로지 맑고 곧은 이념의 푯대 끝에
애수는 백로처럼 날개를 펴다

아아 누구던가
이렇게 슬프고도 애달픈 마음을
맨 처음 공중에 달 줄을 안 그는

생명의 서

유치환

나의 지식이 독한 회의(懷疑)를 구하지 못하고
내 또한 삶의 애증을 다 짐지지 못하여
병든 나무처럼 생명이 부대낄 때
저 머나먼 아라비아 사막으로 나는 가자.

거기는 한 번 뜬 백일이 불사신같이 작열하고
일체가 모래 속에 사멸한 영겁의 허적(虛寂)에
오직 알라의 신만이
밤마다 고민하고 방황하는 열사(熱沙)의 끝.

그 열렬한 고독 가운데
옷자락을 나부끼고 호올로 서면
운명처럼 반드시 '나'와 대면케 될지니
하여 '나'란 나의 생명이란
그 원시의 본연한 자태를 다시 배우지 못하거든
차라리 나는 어느 사구(砂丘)에 회한 없는 백골을 쪼이리라.

유치환(1908~1967)

호는 청마. 경남 통영에서 태어났으며 연희 전문 학교에서 공부하였다.
〈문예 월간〉에 시 〈정적〉을 발표하면서 문단에 데뷔하였다. 세칭 '생명파'
또는 '인생파' 시인으로 불렸다. 낭만적 경향을 보이다가 후기에 '허무에
의 의지'를 시화하였다. 시집으로 〈청마 시초〉, 〈생명의 서〉, 〈울릉도〉 등
이 있다.

사슴

노천명

모가지가 길어서 슬픈 짐승이여
언제나 점잖은 편 말이 없구나
관이 향기로운 너는
무척 높은 족속이었나 보다.

물 속의 제 그림자를 들여다보고
잃었던 전설을 생각해 내고는
어찌할 수 없는 향수에
슬픈 모가지를 하고
먼 데 산을 쳐다본다.

자화상

노천명

5척 1촌 5푼 키에 2촌이 부족한 불만이 있다. 부얼부얼한 맛은 전혀 잊어버린 얼굴이다. 몹시 차 보여 좀체로 가까이하기 어려워한다.

그린 듯 숱한 눈썹도 큼직한 눈에는 어울리는 듯도 싶다마는…….

전시대 같으면 환영을 받았을 삼단 같은 머리는 클럼지한 손에 예술품답지 않게 얹혀져 가냘픈 몸에 무게를 준다. 조그마한 거리낌에도 밤잠을 못 자고 괴로워하는 성격은 살이 머물지 못하게 학대를 했을 게다.

꼭 다문 입은 괴로움을 내뿜기보다 흔히는 혼자 삼켜 버리는 서글픈 버릇이 있다. 삼 온스의 살만 더 있어도 무척 생색나게 내 얼굴을 쓸 데가 있는 것을 잘 알건만 무디지 못한 성격과는 타협하기가 어렵다.

처신을 하는 데도 산도야지처럼 대담하지 못하고 조그만 유언비어에도 비겁하게 삼간다. 대처럼 꺾어는 질지언정 구리처럼 휘어지며 꾸부러지기가 어려운 성격은 가끔 자신을 괴롭힌다.

노천명(1911~1957)

황해도 장연에서 태어났으며, 이화 여전에서 공부하였다. 처음 이름은 기선이었으나 6세 때 홍역을 앓아 사경을 넘기고 나자 이름을 천명으로 바꿨다. 이화 여전 재학 시절부터 시작 활동을 했으며 신문, 잡지, 방송국의 기자 생활을 오래 했다. 1935년을 전후하여 데뷔한 이후, 현실과 결코 타협치 않으며 매서운 극기의 경지에서 시를 썼다. 시집으로는 〈산호림〉, 〈창변〉, 〈사슴의 노래〉 등이 있고, 수필집으로 〈산딸기〉 등이 있다.

가을의 기도

김현승

가을에는
기도하게 하소서……
낙엽들이 지는 때를 기다려 내게 주신
겸허한 모국어로 나를 채우소서.

가을에는
사랑하게 하소서……
오직 한 사람을 택하게 하소서,
가장 아름다운 열매를 위하여 이 비옥한
시간을 가꾸게 하소서.

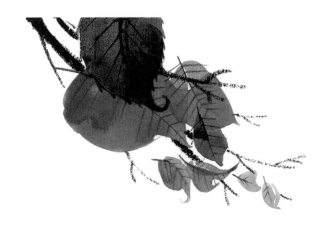

가을에는
호올로 있게 하소서……
나의 영혼,
굽이치는 바다와
백합의 골짜기를 지나,
마른 나뭇가지 위에 다다른 까마귀같이.

김현승(1913~1975)

　호는 다형. 전남 광주에서 태어났으며 평양의 숭실 전문 학교에서 공부
하였다. 1943년에 양주동의 추천으로 〈동아 일보〉에 〈쓸쓸한 겨울 저녁이
올 때 당신들은〉을 발표하면서 문단에 데뷔하였다. 초기 시는 건강함과 서
사성, 후기 시는 고독의 정서와 기독교적 내면 탐구가 잘 드러나 있다. 시
집으로는 〈김현승 시초〉, 〈옹호자의 노래〉, 〈견고한 고독〉 등이 있다.

와사등

김광균

차단 — 한 등불이 하나 비인 하늘에 걸리어 있다.
내 호올로 어데로 가라는 슬픈 신호냐.

긴 — 여름 해 황망히 나래를 접고
늘어선 고층 창백한 묘석같이 황혼에 젖어
찬란한 야경 무성한 잡초인 양 헝클어진 채
사념 벙어리 되어 입을 다물다.

피부의 바깥에 스미는 어둠
낯설은 거리의 아우성 소리
까닭도 없이 눈물겹구나.

공허한 군중의 행렬에 섞이어
내 어디서 그리 무거운 비애를 지고 왔기에
길—게 늘인 그림자 이다지 어두워

내 어디로 어떻게 가라는 슬픈 신호기
차단—한 등불이 하나 비인 하늘에 걸리어 있다.

김광균(1914~1993)

　경기도 개성에서 태어났다. 동인지 〈자오선〉, 〈시인 부락〉을 무대로 활
동하였으며, 도시적 풍물을 이미지즘으로 그려 내는 회화적인 시풍을 보
인 이미지즘 계열의 모더니즘 시인이다. 시집으로 〈와사등〉, 〈기향지〉 등
에 이어 고별 시집인 〈황혼가〉를 발간했다. 6 · 25 전쟁 후 실업계에 투신
하여 문단과는 인연을 끊고 건설 회사 사장을 지냈다.

국화 옆에서

서정주

한 송이의 국화꽃을 피우기 위해
봄부터 소쩍새는
그렇게 울었나 보다.

한 송이의 국화꽃을 피우기 위해
천둥은 먹구름 속에서
또 그렇게 울었나 보다.

그립고 아쉬움에 가슴 조이던
머언 먼 젊음의 뒤안길에서
인제는 돌아와 거울 앞에 선
내 누님같이 생긴 꽃이여.

노오란 네 꽃잎이 피려고
간밤에 무서리가 저리 내리고
내게는 잠도 오지 않았나 보다.

귀촉도

서정주

눈물 아롱아롱
피리 불고 가신 님의 밟으신 길은
진달래 꽃비 오는 서역 삼만 리.
흰 옷깃 여며 여며 가옵신 님의
다시 오진 못하는 파촉 삼만 리.

신이나 삼아 줄걸, 슬픈 사연의
올올이 아로새긴 육날 메투리.
은장도 푸른 날로 이냥 베어서
부질없는 이 머리털 엮어 드릴걸.

초롱에 불빛, 지친 밤하늘
굽이굽이 은하수 물 목이 젖은 새.
차마 아니 솟는 가락 눈이 감겨서
제 피에 취한 새가 귀촉도 운다.
그대 하늘 끝 호올로 가신 님아.

서정주(1915~2000)

호는 미당. 전북 고창에서 태어났으며 시 세계는 크게 세 부분으로 나눌
수 있다. 〈화사〉와 〈귀촉도〉로 대별되는 초기 시에는 토속적인 이미지와
동양적인 정신 세계를 추구하고 있다. 〈국화 옆에서〉로 대별되는 중기 시
에는 불교 사상에 바탕을 둔 신라 정신, 윤회 전생설 등이 표현되어 있다.
〈동천〉으로 대별되는 후기 시에서는 영원한 시간의 흐름 속에서 자유를
얻는 삶의 자취가 잘 표현되어 있다. 시집으로 〈화사집〉, 〈귀촉도〉, 〈서정
주 시선〉, 〈동천〉 등이 있다.

나그네

박목월

강나루 건너서
밀밭 길을

구름에 달 가듯이
가는 나그네.

길은 외줄기
남도 삼백 리.

술 익은 마을마다
타는 저녁 놀.

구름에 달 가듯이
가는 나그네.

청노루

박목월

머언 산 청운사
낡은 기와집

산은 자하산
봄눈 녹으면

느릅나무
속잎 피어 가는 열두 굽이를,

청노루
맑은 눈에

도는
구름.

박목월(1916~1978)

본명은 영종. 경북 경주에서 태어났다. 초기에는 주로 자연 배경의 민요
조 서정시를, 중기에는 삶을 소재로 한 현실적인 시를, 후기에는 존재에
관한 관념적인 시를 썼다. 시집으로 〈청록집〉, 〈산도화〉 등이 있으며, 동
시집으로 〈초록집〉, 〈산새알 물새알〉 등이 있다.

해

박두진

해야 솟아라. 해야 솟아라. 말갛게 씻은 얼굴 고운 해야 솟아라. 산 너머 산 너머서 어둠을 살라먹고 산 너머서 밤새도록 어둠 을 살라먹고 이글이글 앳된 얼굴 고운 해야 솟아라.

달밤이 싫여, 달밤이 싫여, 눈물 같은 골짜기에 달밤이 싫여, 아무도 없는 뜰에 달밤이 나는 싫여…….

해야, 고운 해야, 늬가 오면 늬가사 오면, 나는 나는 청산이 좋아라. 훨훨훨 깃을 치는 청산이 좋아라. 청산이 있으면 홀로래도 좋아라.

사슴을 따라, 사슴을 따라, 양지로 양지로 사슴을 따라, 사슴을 만나면 사슴과 놀고,

　칡범을 따라 칡범을 따라, 칡범을 만나면 칡범과 놀고…….

　해야, 고운 해야, 해야 솟아라. 꿈이 아니래도 너를 만나면, 꽃도 새도 짐승도 한자리 앉아, 워어이 워어이 모두 불러 한자리 앉아, 앳되고 고운 날을 누려 보리라.

어서 너는 오너라

박두진

복사꽃이 피었다고 일러라. 살구꽃도 피었다고 일러라. 너이 오오래 정드리고 살다 간 집, 함부로 짓밟힌 울타리에, 앵도꽃도 오얏꽃도 피었다고 일러라. 낮이면 벌떼와 나비가 날고 밤이면 소쩍새가 울더라고 일러라.

다섯 묻과, 여섯 바다와, 철이야, 아득한 구름 밖 아득한 하늘가에 나는 어디로 향을 해야 너와 마주 서는 게냐.

달 밝으면 으레 뜻에 앉아 부는 내 피리의 서른 가락도 너는 못 듣고, 골을 헤치며 산에 올라 아침마다, 푸른 봉우리에 올라서면, 어어이 어어이 소리 높여 부르는 나의 음성도 너는 못 듣는다.

어서 너는 오너라. 별들 서로 구슬피 헤여지고, 별들 서로 정답게 모이는 날, 흩어졌던 너이 형 아우 총총히 돌아오고, 흩어졌던 네 순이도 누이도 돌아오고, 너와 나와 자라난, 막쇠도 돌이도 복술이도 왔다.

눈물과 피와 푸른 빛 깃발을 날리며 오너라……. 비둘기와 꽃다발과 푸른 빛 깃발을 날리며 너는 오너라…….

복사꽃 피고, 살구꽃 피는 곳, 너와 나와 뛰놀며 자라난 푸른 보리밭에 남풍은 불고, 젖빛 구름, 보오얀 구름 속에 종달새는 운다. 기름진 냉이꽃 향기로운 언덕, 여기 푸른 잔디밭에 누어서, 철이야, 너는 늴늴늴 가락 맞춰 풀피리나 불고, 나는, 나는 두둥싯 두둥실 붕새춤 추며, 막쇠와, 돌이와, 복술이랑 함께, 우리, 우리, 옛날을 옛날을, 딩굴어 보자.

박두진(1916~　　)

호는 혜산. 경기도 안성에서 태어났으며, 〈문장〉지에 〈향현〉, 〈묘지송〉 등이 추천되어 문단에 데뷔하였다. 초기에는 이상향에 대한 열망을 추구하였고, 후기에는 사회 부조리에 저항하는 시, 그리고 자연과의 조화를 추구하는 관념적인 시를 발표하였다. 시집으로는 〈청록집〉, 〈책〉, 〈오도〉 등이 있다.

초토의 시 8

—— 적군 묘지 앞에서

구상

오호, 여기 줄지어 누워 있는 넋들은
눈도 감지 못하였겠구나.

어제까지 너희의 목숨을 겨눠
방아쇠를 당기던 우리의 그 손으로
썩어 문드러진 살덩이와 뼈를 추려
그래도 양지바른 두메를 골라
고이 파묻어 떼마저 입혔거니,

죽음은 이렇듯 미움보다도 사랑보다도
너 너그러운 것이로다.

이 곳서 나와 너희의 넋들이
돌아가야 할 고향 땅은 삼십 리(里)면
가로막히고
무주 공산의 적막만이
천만 근 나의 가슴을 억누르는데.

살아서는 너희가 나와
미움으로 맺혔건만,
이제는 오히려 너희의
풀지 못한 원한이
나의 바람 속에 깃들여 있도다.

손에 닿을 듯한 봄 하늘에
구름은 무심히도
북으로 흘러가고,

어디서 울려 오는 포성 몇 발,
나는 그만 이 은원(恩怨)의 무덤 앞에
목놓아 버린다.

구상(1919~　)
　본명은 상준. 함남 원산에서 출생하였으며, 일본 니혼 대학에서 공부하
였다. 가톨릭 종교 의식에 바탕을 둔 인간 존재 규명 및 공동체 의식을 표
현하고, 나아가 우주의 의미를 탐구하는 구도적 작품을 발표했다. 시집으
로 〈구상 시집〉, 〈초토의 시〉, 〈까마귀〉가 있다.

보리 피리

보리 피리 불며
봄 언덕
고향 그리워
피 — ㄹ 닐니리.

보리 피리 불며
꽃, 청산
어린 때 그리워
피 — ㄹ 닐니리.

보리 피리 불며
인환의 거리
인간사 그리워
피 — ㄹ 닐니리.

보리 피리 불며
방랑의 기산화
눈물의 언덕을 지나
피 — ㄹ 닐니리.

한하운(1919~1975)
함남 함주에서 태어났다. 나병으로 방랑 생활을 하며 시를 썼다. 병이
나은 후 나병 환자를 위해 많은 일을 했다. 작품집으로 〈한하운 시초〉, 〈보
리 피리〉, 〈한하운 시전집〉, 〈나의 슬픈 반생기〉 등이 있다.

고향

백석

나는 북관(北關)에 혼자 앓아 누워서
어느 아침 의원을 뵈이었다.
의원은 여래 같은 상을 하고
관공(關公)의 수염을 드리워서
먼 옛적 어느 나라 신선 같은데
새끼손톱 길게 돋은 손을 내어
묵묵하니 한참 맥을 짚더니
문득 물어 고향이 어데냐 한다
평안도 정주라는 곳이라 한즉
그러면 아무개 씨 고향이란다.

그러면 아무개 씨 아느냐 한즉
의원은 빙긋이 웃음을 띠고
막역지간이라며 수염을 쓴다.
나는 아버지로 섬기는 이라 한즉
의원은 또다시 넌지시 웃고
말없이 팔을 잡아 맥을 보는데
손길은 따스하고 부드러워
고향도 아버지도 아버지의 친구도 다 있었다.

여승(女僧)

백석

여승은 합장하고 절을 했다.
가지취의 내음새가 났다.
쓸쓸한 낯이 옛날같이 늙었다.
나는 불경처럼 서러워졌다.

평안도의 어느 산 깊은 금점판
나는 파리한 여인에게서 옥수수를 샀다.
여인은 나 어린 딸아이를 따리며 가을밤같이 차게 울었다.

섶벌같이 나아간 지아비 기다려 십 년이 갔다.
지아비는 돌아오지 않고
어린 딸은 도라지꽃이 좋아 돌무덤으로 갔다.

산꿩도 섧게 울은 슬픈 날이 있었다.
산 절의 마당귀에 여인의 머리 오리가 눈물 방울과 같이 떨어진 날이
있었다.

여우난 곬족

명절날 나는 엄매 아배 따라 우리집 개는 나를 따라 진할머니 진할아버지 있는 큰집으로 가면

얼굴에 별자국이 솜솜 난 말수와 같이 눈도 껌벅거리는 하로에 베 한 필을 짠다는 벌 하나 건너 집엔 복숭아나무가 많은 신리(新里) 고무, 고무의 딸 이녀(李女), 작은 이녀(李女)

열여섯에 사십이 넘은 홀아비의 후처가 된, 포족족하니 성이 잘 나는, 살빛이 매감탕 같은 입술은 더 까만, 교회 마을 가까이 사는 토산(土山) 고무, 고무의 딸 승녀(承女), 아들 승(承)동이

육십리(六十里)라고 해서 파랗게 뵈이는 산을 넘어 있다는 해변에서 과부가 된 코끝이 빨간 언제나 흰 옷이 정하든, 말끝에 설게 눈물을 짤 때가 많은 큰골 고무, 고무의 딸 홍녀(洪女), 아들 홍(洪)동이, 작은 홍(洪)동이

배나무접을 잘하는 주정을 하면 토방돌을 뽑는, 오리치를 잘 놓는, 먼 섬에 반디젓 담그러 가기를 좋아하는 삼춘, 삼춘 엄매, 사춘 누이, 사춘 동생들이 그득히들 할머니 할아버지가 안간에들 모여서 방 안에서는 새 옷의 내음새가 나고

또 인절미, 송구떡, 콩가루차떡의 내음새도 나고, 끼때의 두부와 콩나물과 뽁은 잔디와 고사리와 도야지비계는 모두 선득선득하니 찬 것들이다.

저녁술을 놓은 아이들은 오양간섶 밭마당에 달린 배나무 동산에서 쥐잡이를 하고, 숨굴막질을 하고, 꼬리잡이를 하고, 가마타고 시집 가는 놀음, 말타고 장가 가는 놀음을 하고, 이렇게 밤이 어둡도록 북적하니 논다.

밤이 깊어 가는 집안엔 엄매는 엄매들끼리 아르간에서들 웃고 이야기하고, 아이들은 아이들끼리 웃간 한 방을 잡고 조아질하고 쌈방이 굴리고 바리깨돌림하고 호박떼기하고 제비손이구손이하고, 이렇게 화디의 사기방등에 심지를 몇 번이나 돋우고 홍게닭이 몇 번이나 울어서 졸음이 오면 아릇목싸움 자리싸움을 하며 히드득거리다 잠이 든다. 그래서는 문창에 텅납새의 그림자가 치는 아츰 시누이 동세들이 욱적하니 흥성거리는 부엌으론 샛문틈으로 장지문틈으로 무이징게 국을 끓이는 맛있는 내음새가 올라오도록 잔다.

남신의주 유동 박시봉방

백석

어느 사이에 나는 아내도 없고, 또,
아내와 같이 살던 집도 없어지고,
그리고 살뜰한 부모며 동생들과도 멀리 떨어져서,
그 어느 바람 세인 쓸쓸한 거리 끝에 헤매이었다.
바로 날도 저물어서,
바람은 더욱 세게 불고, 추위는 점점 더해 오는데,
나는 어느 목수네 집 헌 삿을 깐,
한 방에 들어서 쥔을 붙이었다.

이리하여 나는 이 습내 나는 춥고, 누긋한 방에서,

낮이나 밤이나 나는 나 혼자도 너무 많은 것같이 생각하며,

딜옹배기에 북덕불이라도 담겨 오면,

이것을 안고 손을 쬐며 재 우에 뜻없이 글자를 쓰기도 하며,

또 문 밖에 나가지두 않구 자리에 누워서,

머리에 손깍지베개를 하고 굴기도 하면서,

나는 내 슬픔이며 어리석음이며를 소처럼 연하여 쌔김질하는 것이었
다.

내 가슴이 꽉 메어 올 적이며,

내 눈에 뜨거운 것이 핑 괴일 적이며,

또 내 스스로 화끈 낯이 붉도록 부끄러울 적이며,

나는 내 슬픔과 어리석음에 눌리어 죽을 수밖에 없는 것을 느끼는 것이었다.

그러나 잠시 뒤에 나는 고개를 들어,

허연 문창을 바라보든가 또 눈을 떠서 높은 천장을 쳐다보는 것인데,

이 때 나는 내 뜻이며 힘으로, 나를 이끌어가는 것이 힘든 일인 것을 생각하고,

이것들보다 더 크고, 높은 것이 있어서, 나를 마음대로 굴려 가는 것을 생각하는 것인데,

이렇게 하여 여러 날이 지나는 동안에,

내 어지러운 마음에는 슬픔이며, 한탄이며, 가라앉을 것은 차츰 앙금
이 되어 가라앉고, 외로운 생각만이 드는 때쯤 해서는,
　　더러 나줏손에 쌀랑쌀랑 싸락눈이 와서 문창을 치기도 하는 때도 있
는데,
　　나는 이런 저녁에는 화로를 더욱 다가 끼며, 무릎을 꿇어 보며,
　　어느 먼 산 뒷옆에 바우섶에 따로 외로이 서서,
　　어두워 오는데 하이야니 눈을 맞을, 그 마른 잎새에는,
　　쌀랑쌀랑 소리도 나며 눈을 맞을,
　　그 드물다는 굳고 정한 갈매나무라는 나무를 생각하는 것이었다.

백석(1912~ ?)
　　본명은 기행. 지방적인 것과 민속적인 것에 집착하여 특이한 시 세계를
개척하였다. 작품에는 〈북방에서〉, 〈산지〉 등이 있다.

승무

조지훈

얇은 사 하이얀 고깔은
고이 접어서 나빌레라.

파르라니 깎은 머리
박사 고깔에 감추오고,

두 볼에 흐르는 빛이
정작으로 고와서 서러워라.

빈 대에 황촉불이 말없이 녹는 밤에
오동잎 잎새마다 달이 지는데,

소매는 길어서 하늘은 넓고,
돌아설 듯 날아가며 사뿐히 접어 올린 외씨버선이여.

까만 눈동자 살포시 들어
먼 하늘 한 개 별빛에 모두오고,

복사꽃 고운 뺨에 아롱질 듯 두 방울이야
세사에 시달려도 번뇌는 별빛이라.

휘어져 감기우고 다시 접어 뻗는 손이
깊은 마음 속 거룩한 합장인 양하고,

이 밤사 귀또리도 지새는 삼경인데,
얇은 사 하이얀 고깔은 고이 접어서 나빌레라.

조지훈(1920~1968)

본명은 동탁이다. 경북 양양에서 태어나 혜화 전문 학교에서 공부하였다. 박목월, 박두진과 함께 '청록파' 시인으로 활동하였다. 해방 후 현실 감각을 획득하기도 하지만, 대체로 관조적이며 고전적인 품격의 시 세계를 보이고 있다. 시집으로는 〈청록집〉, 〈풀잎 단장〉, 〈조지훈 시선〉 등이 있다.

풀

김수영

풀이 눕는다.
비를 몰아 오는 동풍에 나부껴
풀은 눕고
드디어 울었다.
날이 흐려져 더 울다가
다시 누웠다.

풀이 눕는다.
바람보다도 더 빨리 눕는다.
바람보다도 더 빨리 울고
바람보다도 먼저 일어난다.

날이 흐리고 풀이 눕는다.
발목까지
발밑까지 눕는다.
바람보다 늦게 누워도

바람보다 먼 일어나고
바람보다 늦게 울어도
바람보다 먼저 웃는다.
날이 흐리고 풀뿌리가 눕는다.

김수영(1921~1968)

　서울에서 태어났으며, 선린 상고를 거쳐 일본 도쿄 상대에서 공부하였다. 6·25 전쟁 중 의용병으로 징집되어 끌려갔다가 거제도 포로 수용소에 수용되어 1952년에 석방되었다. '후반기'의 동인 시집이었던 〈새로운 도시와 시민들의 합창〉에서 모더니즘의 특징을 보여 주었고, 단독 시집인 〈달나라의 장난〉에서는 서정성을 배격한 참여시의 새로운 지평을 개척하였다. 약 200여 편의 시와 시론을 발표하였다. 시집으로는 〈거대한 뿌리〉, 〈사랑의 변주곡〉 등이 있다.

꽃

김춘수

내가 그의 이름을 불러 주기 전에는
그는 다만 하나의 몸짓에 지나지 않았다.

내가 그의 이름을 불러 주었을 때
그는 나에게로 와서
꽃이 되었다.

내가 그의 이름을 불러 준 것처럼
나의 이 빛깔과 향기에 알맞은
누가 나의 이름을 불러 다오.
그에게로 가서 나도
그의 꽃이 되고 싶다.

우리들은 모두
무엇이 되고 싶다.
너는 나에게 나는 너에게
잊혀지지 않는 하나의 눈짓이 되고 싶다.

샤갈의 마을에 내리는 눈

김춘수

샤갈의 마을에는 3월에 눈이 온다.
봄을 바라고 섰는 사나이의 관자놀이에
새로 돋는 정맥이 바르를 떤다.
바르르 떠는 사나이의 관자놀이에
새로 돋는 정맥을 어루만지며
눈은 수천 수만의 날개를 달고
하늘에서 내려와 샤갈의 마을의
지붕과 굴뚝을 덮는다.

3월에 눈이 오면
샤갈의 마을의 쥐똥만한 겨울 열매들은
다시 올리브빛으로 물이 들고
밤에 아낙들은
그 해의 제일 아름다운 불을
아궁이에 지핀다.

김춘수(1922 ~2005)

호는 대여. 1946년 해방 1주년 기념 시화집 〈날개〉에 시 〈애가〉를 발표
하여 작품 활동을 시작하였으며, 대구에서 발행된 동인지 〈죽순〉에 참가
하였다. 1948년 시집 〈구름과 장미〉로 등단하여 〈사상계〉, 〈현대 문학〉 등
에 작품을 발표하였다. 주요 작품으로 〈김춘수 시집〉, 〈꽃의 소묘〉, 〈늪〉
등이 있다.

목마와 숙녀

박인환

한 잔의 술을 마시고
우리는 버지니아 울프의 생애와
목마를 타고 떠난 숙녀의 옷자락을 이야기한다.
목마는 주인을 버리고 그저 방울 소리만 울리며
가을 속으로 떠났다. 술병에서 별이 떨어진다.
상심한 별은 내 가슴에 가벼웁게 부서진다.

그러한 잠시 내가 알던 소녀는
정원의 초목 옆에서 자라고
문학이 죽고 인생이 죽고
사랑의 진리마저 애증의 그림자를 버릴 때
목마를 탄 사랑의 사람은 보이지 않는다.
세월은 가고 오는 것
한때는 고립을 피하여 시들어 가고
이제 우리는 작별하여야 한다.
술병이 바람에 쓰러지는 소리를 들으며
늙은 여류 작가의 눈을 바라다 보아야 한다.

등대에
불이 보이지 않아도
그저 간직한 페시미즘의 미래를 위하여
우리는 처량한 목마 소리를 기억하여야 한다.
모든 것이 떠나든 죽든
그저 가슴에 남은 희미한 의식을 붙잡고
우리는 버지니아 울프의 서러운 이야기를 들어야 한다.

두 개의 바위 틈을 지나 청춘을 찾는 뱀과 같이
눈을 뜨고 한 잔의 술을 마셔야 한다.
인생은 외롭지도 않고
그저 잡지의 표지처럼 통속하거늘
한탄할 그 무엇이 무서워서 우리는 떠나야 하는 것일까.
목마는 하늘에 있고
방울 소리는 귓전에 철렁거리는데
가을 바람 소리는
내 쓰러진 술병 속에서 목메어 우는데…….

살아 있는 것이 있다면

박인환

현재의 시간과 과거의 시간은 아마 모두 미래의 시간에 존재하고,
미래의 시간은 과거의 시간에 포함된다.

살아 있는 것이 있다면
그것은 나와 우리들의 죽음보다도
더한 냉혹하고 절실한
회상과 체험일지도 모른다.

살아 있는 것이 있다면
여러 차례의 살육에 복종한 생명보다도
더한 복수와 고독을 하는
고뇌와 저항일지도 모른다.

한 걸음 한 걸음 나는 허물어지는
정적과 초연의 도시 그 암흑 속으로……
명상과 또다시 오지 않을 영원한 내일로…….

살아 있는 것이 있다면
유형의 애인처럼 손잡기 위하여
이미 소멸된 청춘의 반역을 회상하면서
회의와 불안만이 다정스러운
모멸의 오늘을 살아 나간다.

……아 최후로 이 성자의 세계에
살아 있는 것이 있다면 분명히
그것은 속죄와 회화 속의 나녀와
회상도 고뇌도 이제는 망령에게 팔은
철없는 시인
나의 눈 감지 못한
단순한 상태의 시체일 것이다…….

박인환(1923 ~1956)
현대 도시 문명의 퇴폐적인 모습과 그에 따른 우수를 표현하였다. 시집
에는 〈새로운 도시와 시민들의 합창〉, 〈박인환 선시집〉 등이 있다.

설일(雪日)

겨울 나무와
바람
머리채 긴 바람들은 투명한 빨래처럼
진종일 가지 끝에 걸려
나무도 바람도
혼자가 아닌 게 된다.

혼자는 아니다.
누구도 혼자는 아니다.
나도 아니다.
실상 하늘 아래 외톨이로 서 보는 날도
오늘만은 함께 있어 주지 않던가.

삶은 언제나
은총의 돌층계의 어디쯤이다.
사랑도 매양
섭리의 자갈밭의 어디쯤이다.

이적진 말로써 풀던 마음
말없이 삭이고
얼마 더 너그러워져서 이 생명을 살자.
황송한 축연이라 알고
한세상 누리자.

새해의 눈시울이
순수의 얼음꽃,
승천한 눈물들이 다시 땅 위에 떨구이는
백설을 담고 온다.

겨울 바다

김남조

겨울 바다에 가 보았지
미지의 새
보고 싶었던 새들은 죽고 없었네.

그대 생각을 했건만도
매운 해풍에
그 진실마저 눈물져 얼어 버리고

허무의
불
물 이랑 위에 불붙어 있었네.

나를 가르치는 건
언제나
시간…….
끄덕이며 끄덕이며 겨울 바다에 섰었네.

남은 날은
적지만

기도를 끝낸 다음
더욱 뜨거운 기도의 문이 열리는
그런 영혼을 갖게 하소서.

남은 날은
적지만…….

겨울 바다에 가 보았지
인고(忍苦)의 물이
수심(水深) 속에 기둥을 이루고 있었네.

김남조(1927~   )

1950년 〈연합 신문〉에 〈성숙〉, 〈잔상〉 등을 발표, 등단하여 1953년 첫
시집 〈목숨〉을 발간하였다. 제2시집 〈나아드의 향유〉부터는 신앙적인 삶
을 고백하는 시로, 종교적인 사상과 윤리가 시의 중심 사상이 되었다. 유
려한 시형을 통해 인간 내면의 긍정성을 노래하는 시를 꾸준히 발표하였
다.

피아노

전봉건

피아노에 앉은
여자의 두 손에서는
끊임없이
열 마리씩
스무 마리씩
신선한 물고기가
튀는 빛의 꼬리를 물고
쏟아진다.

나는 바다로 가서
가장 신나게 시퍼런
파도의 칼날 하나를
집어 들었다.

전봉건(1928~1988)

　평남 안주에서 태어났으며, 평양 숭인상고에서 공부하였다. 초기에는
순수 이미지를 추구하고 감각적인 언어를 사용하는등 시의 기교를 중요하
게 다루었고, 후기에는 한국적인 고전을 현대화하는 작업에 주력했다. 시
집으로 〈사랑을 위한 되풀이〉, 〈춘향 연가〉 등이 있다.

껍데기는 가라

신동엽

껍데기는 가라.
사월도 알맹이만 남고
껍데기는 가라.

껍데기는 가라.
동학년 곰나루의, 그 아우성만 살고
껍데기는 가라.

그리하여, 다시
껍데기는 가라.
이 곳에선, 두 가슴과 그 곳까지 내논
아사달 아사녀가
중립의 초례청 앞에 서서
부끄럼 빛내며
맞절할지니

껍데기는 가라.
한라에서 백두까지
향그러운 흙가슴만 남고
그, 모오든 쇠붙이는 가라.

누가 하늘을 보았다 하는가

신동엽

누가 하늘을 보았다 하는가
누가 구름 한 송이 없이 맑은
하늘을 보았다 하는가.

네가 본 건, 먹구름
그걸 하늘로 알고
일생을 살아왔다.

네가 본 건, 지붕 덮은
쇠항아리,
그걸 하늘로 알고
일생을 살아갔다.

닦아라, 사람들아
네 마음 속 구름
찢어라, 사람들아,
네 머리 덮은 쇠항아리.

아침 저녁
네 마음 속 구름을 닦고
티없이 맑은 영원의 하늘
볼 수 있는 사람은
외경을
알리라

아침 저녁
네 머리 위 쇠항아릴 찢고
티없이 맑은 구원의 하늘
마실 수 있는 사람은

연민을
알리라
차마 삼가서
발걸음도 조심
마음 아모리며.

서럽게
아 엄숙한 세상을
서럽게
눈물 흘려

살아가리라
누가 하늘을 보았다 하는가,
누가 구름 한 자락 없이 맑은
하늘을 보았다 하는다.

신동엽(1930~1969)

충남 부여에서 태어났으며, 전주 사범대를 거쳐 단국대에서 공부하였
다. 〈조선 일보〉 신춘 문예에 〈이야기하는 쟁기꾼의 대지〉가 당선되면서
문단에 데뷔하였다. 흔히 민족 시인 혹은 민중 시인으로 불린다. 투철한
역사 의식을 바탕으로 한 시 세계를 엿볼 수 있는 장편 서사시에 〈금강〉을
비롯해, 유고 시집 〈신동엽 전집〉이 있다.

귀천

천상병

나 하늘로 돌아가리라.
새벽빛 와 닿으면 스러지는
이슬 더불어 손에 손을 잡고,

나 하늘로 돌아가리라.
노을빛 함께 단둘이서
기슭에서 놀다가 구름 손짓하며는,

나 하늘로 돌아가리라.
아름다운 이 세상 소풍 끝내는 날,
가서, 아름다웠더라고 말하리라…….

천상병(1930~1993)
　1952년 〈문예〉지에 〈갈매기〉 등이 추천되어 문단에 데뷔하여 평생 직업
없이 시작과 기행과 동심으로 살아갔다. 우리 시대의 마지막 기인이자 마
지막 떠돌이 시인으로 불린다. 시집으로 〈새〉, 〈주막에서〉, 〈천상병은 천
상 시인이다〉, 〈귀천〉 등이 있다.

울음이 타는 가을 강

박재삼

마음도 한 자리 못 앉아 있는 마음일 때,
친구의 서러운 사랑 이야기를
가을 햇볕으로나 동무삼아 따라가면,
어느 새 등성이에 이르러 눈물나고나.

제삿날 큰집에 모이는 불빛도 불빛이지만
해질녘 울음이 타는 강(江)을 보겄네.

저것 봐, 저것 봐,
네보담도 내보담도
그 기쁜 첫사랑 산골 물 소리가 사라지고
그 다음 사랑 끝에 생긴 울음까지 녹아나고,
이제는 미칠 일 하나로 바다에 다 와 가는,
소리 죽은 가을 강을 처음 보것네.

박재삼(1933~1997)

　　1953년 〈문예〉지에 〈강물에서〉가, 1955년 〈현대 문학〉에 〈정적〉이 추천되어 문단에 등단하였다. 〈60년대 사화집〉의 동인으로 활동하였다. 한의 서정을 유창한 언어로 노래함으로써 한국시의 전통적 서정을 가장 가까이 계승한 시인으로 평가받고 있다. 시집에 〈춘향이의 마음〉, 〈꽃을 푸른 빛을 피하고〉 등이 있다.

눈길

고은

이제 바라보노라.
지난 것이 다 덮여 있는 눈길을.
온 겨울을 떠돌고 와
여기 있는 낯선 지역을 바라보노라.
나의 마음 속에 처음으로
눈 내리는 풍경.
세상은 지금 묵념의 가장자리
지나온 어느 나라에도 없었던
설레이는 평화로서 덮이노라.
바라보노라, 온갖 것의
보이지 않는 움직임을.
눈 내리는 하늘은 무엇인가.

내리는 눈 사이로
귀 기울여 들리나니 대지의 고백
나는 처음으로 귀를 가졌노라.
나의 마음은 밖에서는 눈길
안에서는 어둠이노라.
온 겨울의 누리 떠돌다가
이제 와 위대한 적막을 지킴으로써
쌓이는 눈더미 앞에
나의 마음은 어둠이노라.

머슴 대길이

고은

새터 관전이네 머슴 대길이는
상머슴으로
누룩 도야지 한 머리 번쩍 들어
도야지 우리에 넘겼지요.
그야말로 도야지 멱 따는 소리까지도 후딱 넘겼지요.
밥 때 늦어도 투덜댈 줄 통 모르고
이른 아침 동네길 이슬도 털도 잘도 치워 훤히 가리마 났지요.

그러나 낮보다 어둠에 빛나는 먹눈이었지요.
머슴방 등잔불 아래
나는 대길이 아저씨한테 가갸거겨 배웠지요.
그리하여 장화홍련전을 주룩주룩 비오듯 읽었지요.
어린 아이 세상에 눈 떴지요.
일제 36년 지나간 뒤 가갸거겨 아는 놈은 나밖에 없었지요.

대길이 아저씨더러는
주인도 동네 어른도 함부로 대하지 않았지요.
살구꽃 핀 마을 뒷산에 올라가서
홑적삼 큰아기 따위에는 눈요기도 안하고
지게 작대기 뉘어 놓고 먼 데 바다를 바라보았지요.
나도 따라 보았지요.
우르르르 달려가는 바다 울음 소리 들었지요.

찬 겨울 눈더미 가운데서도
덜렁 겨드랑이에 바람 잘도 드나들지요.
그가 말했지요
사람이 너무 호강하면 저밖에 모른단다.
남하고 사는 세상인데

대길이 아저씨
그는 나에게 불빛이었지요.
자다 깨어도 그대로 켜져서 밤 새우는 불빛이었지요.

성묘

고은

아버지, 아직 남북 통일이 되지 않았습니다.
일제 시대 소금 장수로 / 이 땅을 떠도신 아버지.
아무리 아버지의 두만강 압록강을 생각해도
눈 안에 선지가 생길 따름입니다.
아버지의 젊은 시절 / 두만강의 회령 수양버들을 보셨지요.
국경 수비대의 칼날에 비친
저문 압록강의 붉은 물빛을 보셨지요.
그리고 아버지는 / 모든 남북의 마을을 다니시면서
하얀 소금을 한 되씩 팔았습니다.

때로는 서도(西道) 노래도 흥얼거리고
꽃 피는 남쪽에서는 남쪽이라
밀양 아리랑도 흥얼거리셨지요.
한마디로, 세월은 흘러서 / 멈추지 않는 물인지라
젊은 아버지의 추억은 / 이 땅에 남지도 않고
아버지는 하얀 소금이 떨어져서 돌아가셨습니다.
아버지, 남북 통일이 되면 / 또다시 이 땅에 태어나서
남북을 떠도는 청청한 소금 장수가 되십시오.
"소금이여", "소금이여"
그 소리, 멀어져 가는 그 소리를 듣게 하십시오.

고은(1933~)
본명은 고은태. 전북 군산에서 태어났다. 허무주의 시편에서 역사 의식
에 바탕한 전투적 시편에 이르기까지 풍부한 시적 편력을 지닌 시인이다.
대표 시집으로는 〈피안감성〉, 〈해변의 운문집〉, 〈문의 마을에 가서〉 등이
있다.

농무

신경림

징이 울린다 막이 내렸다.
오동나무에 전등이 매어달린 가설 무대
구경꾼이 돌아가고 난 텅빈 운동장
우리는 분이 얼룩진 얼굴로
학교 앞 소줏집에 몰려 술을 마신다.
답답하고 고달프게 사는 것이 원통하다.
꽹과리를 앞장세워 장거리로 나서면
따라붙어 악을 쓰는 건 쪼무래기들뿐
처녀애들은 기름집 담벽에 붙어 서서
철없이 킬킬대는구나.

보름달은 밝아 어떤 녀석은
서림이처럼 해해대지만 이까짓
산구석에 처박혀 발버둥친들 무엇하랴.
비료값도 안 나오는 농사 따위야
아예 여편네에게나 맡겨 두고
쇠전을 거쳐 도수장 앞에 와 돌 때
우리는 점점 신명이 난다.
한 다리를 들고 날라리를 불꺼나.
고갯짓을 하고 어깨를 흔들꺼나.

목계 장터

신경림

하늘은 날더러 구름이 되라 하고
땅은 날더러 바람이 되라 하네.
청룡 흑룡 흩어져 비 개인 나루
잡초나 일깨우는 잔바람이 되라네.
뱃길이라 서울 사흘 목계 나루에
아흐레 나흘 찾아 박가분 파는
가을볕도 서러운 방물장수 되라네.
산은 날더러 들꽃이 되라 하고
강은 날더러 잔돌이 되라 하네.

산은 날더러 들꽃이 되라 하고
강은 날더러 잔돌이 되라 하네.
산서리 맵차거든 풀 속에 얼굴 묻고
물여울 모질거든 바위 뒤에 붙으라네.
민물 새우 끓어넘는 토방 툇마루
석삼 년에 한 이레쯤 천치로 변해
짐부리고 앉아 쉬는 떠돌이가 되라네.
하늘은 날더러 바람이 되라 하고
산은 날더러 잔돌이 되라 하네.

가난한 사랑 노래

신경림

가난하다고 해서 외로움을 모르겠는가,
너와 헤어져 돌아오는
눈 쌓인 골목길에 새파랗게 달빛이 쏟아지는데.
가난하다고 해서 두려움이 없겠는가,
두 점을 치는 소리,
방범대원의 호각 소리, 메밀묵 사려 소리에 눈을 뜨면 멀리 육중한
기계 굴러가는 소리.
가난하다고 해서 그리움을 버렸겠는가,
어머님 보고 싶소 수없이 뇌어 보지만,
집 뒤 감나무에 까치밥으로 하나 남았을

새빨간 감 바람 소리도 그려 보지만.
가난하다고 해서 사랑을 모르겠는가,
내 볼에 와 닿던 네 입술의 뜨거움,
사랑한다고 사랑한다고 속삭이던 네 숨결,
돌아서는 내 등 뒤에 터지던 네 울음.
가난하다고 해서 왜 모르겠는가,
가난하기 때문에 이것들을
이 모든 것들을 버려야 한다는 것을.

신경림(1935~   )

충북 충주에서 태어났으며, 동국대에서 공부하였다. 농촌 현실을 바탕으로 핍박받는 농민들의 애환과 울분을 노래했다. 시집으로는 〈농무〉, 〈새재〉, 〈남한강〉이 있고, 산문집으로 〈민요 기행〉이 있다.

자수

허영자

마음이 어지러운 날은
수를 놓는다.

금실 은실 청홍실
따라서 가면
가슴 속 아우성은 절로 갈앉고

처음 보는 수풀
정갈한 자갈돌의
강변에 이르른다.

남향 햇볕 속에
수를 놓고 앉으면

세사 번뇌
무궁한 사랑의 슬픔을
참아 내올 듯

머언
극락정토 가는 길도
보일 성 싶다.

허영자(1938~   )
숙명 여대 졸업. '청미회' 동인이었다. 시집으로는 〈가슴엔 듯 눈엔 듯〉, 〈친전〉, 〈어여쁨이야 어찌 꽃뿐이랴〉 등이 있다.

즐거운 편지

황동규

I

내 그대를 생각함은 항상 그대가 앉아 있는 배경에서 해가 지고 바람이 부는 일처럼 사소한 일일 것이나 언젠가 그대가 한없이 괴로움 속을 헤매일 때에 오랫동안 전해 오던 그 사소함으로 그대를 불러 보리라.

II

　진실로 진실로 내가 그대를 사랑하는 까닭은 내 나의 사랑을 한없이 잇닿은 그 기다림으로 바꾸어 버린 데 있었다. 밤이 들면서 골짜기엔 눈이 퍼붓기 시작했다. 내 사랑도 언제쯤에선 반드시 그칠 것을 믿는다. 다만 그 때 내 기다림의 자세를 생각하는 것뿐이다. 그 동안에 눈이 그치고 꽃이 피어나고 낙엽이 떨어지고 또 눈이 퍼붓고 할 것을 믿는다.

조그만 사랑 노래

황동규

어제를 동여맨 편지를 받았다
늘 그대 뒤를 따르던
길 문득 사라지고
길 아닌 것들도 사라지고
여기저기서 어린 날
우리와 놀아 주던 돌들이
얼굴을 가리고 박혀 있다

사랑한다 사랑한다, 추위 가득한 저녁 하늘에
찬찬히 깨어진 금들이 보인다
성긴 눈 날린다
땅 어디에 내려앉지 못하고
눈 뜨고 떨며 한없이 떠다니는 몇 송이의 눈.

황동규(1938~　)
　1958년 〈10월〉, 〈즐거운 편지〉 등으로 〈현대 문학〉을 통해 등단하였으며, 시집 〈어떤 개인 날〉, 〈비가〉 등을 출간하였다.

타는 목마름으로

김지하

신새벽 뒷골목에
네 이름을 쓴다 민주주의여
내 머리는 너를 잊은 지 오래
내 발길은 너를 잊은 지 너무도 너무도 오래
오직 한 가닥 있어
타는 가슴 속 목마름의 기억이
네 이름을 남몰래 쓴다 민주주의여

아직 동 트지 않은 뒷골목의 어딘가
발자국 소리 호르락 소리 문 두드리는 소리
외마디 길고 긴 누군가의 비명 소리
신음 소리 통곡 소리 탄식 소리 그 속에 내 가슴팍 속에
깊이깊이 새겨지는 네 이름 위에
네 이름의 외로운 눈부심 위에
살아오는 삶의 아픔

살아오는 저 푸르른 자유의 추억
되살아오는 끌려가던 벗들의 피 묻은 얼굴
떨리는 손 떨리는 가슴
떨리는 치떨리는 노여움으로 나무판자에
백묵으로 서툰 솜씨로
쓴다.

숨죽여 흐느끼며
네 이름을 남몰래 쓴다.
타는 목마름으로
타는 목마름으로
민주주의여 만세.

김지하(1941~   )
  본명은 영일. 전남 목포에서 태어났으며, 서울대 미학과에서 공부하였
다. 오랜 민주화 투쟁, 그 고난의 시기에 급격한 산업화로 인해 몰락해 가
는 민중의 한과 분노를 비장미 넘치는 어조와 강렬한 이미지로 그려 냈
다. 시집으로는 〈황토〉, 〈별밭을 우러르며〉, 〈애린〉 등이 있으며, 산문집
〈밥〉, 〈남녘땅 뱃노래〉, 〈살림〉 등이 있다.

프란츠 카프카

오규원

—MENU—
샤를르 보들레르 800원
칼 샌드버그 800원
프란츠 카프카 800원
이브 본노프와 1,000원
에리카 종 1,000원

가스통 바슐라르 1,200원
이하브 핫산 1,200원
제레미 리프킨 1,200원
위르겐 하버마스 1,200원

시를 공부하겠다는
미친 제자와 앉아
커피를 마신다
제일 값싼
프란츠 카프카

우리가 물이 되어

강은교

우리가 물이 되어 만난다면
가문 어느 집에선들 좋아하지 않으랴.
우리가 키 큰 나무와 함께 서서
우르르 우르르 비 오는 소리로 흐른다면.

흐르고 흘러서 저물녘엔
저 혼자 깊어지는 강물에 누워
죽은 나무 뿌리를 적시기도 한다면.
아아, 아직 처녀인
부끄러운 바다에 닿는다면.

그러나 지금 우리는
불로 만나려 한다.
벌써 숯이 된 뼈 하나가
세상에 불타는 것들을 쓰다듬고 있나니

만 리 밖에서 기다리는 그대여
저 불 지난 뒤에
흐르는 물로 만나자.

푸시시 푸시시 불 꺼지는 소리로 말하면서
올 때는 인적 그친
넓고 깨끗한 하늘로 오라.

강은교(1945~   )
　　서울에서 태어났으며, 연세대 영문과에서 공부하였다. 허무, 죽음, 바람
등에 집착하여 독특한 시풍을 구사하였다. 시집으로는 〈풀잎〉, 〈허무집〉,
〈빈자 일기〉 등이 있다.

살아 있는 날은

이해인

마른 향내 나는
갈색 연필을 깎아
글을 쓰겠습니다.

사각사각 소리나는
연하고 부드러운 연필 글씨를
몇 번이고 지우며 다시 쓰는 나의 하루

예리한 칼끝으로 몸을 깎이어도
단정하고 꼿꼿한 한 자루의 연필처럼
정직하게 살고 싶습니다.

나는 당신의 살아 있는 연필
어둠 속에도 빛나는 말로
당신이 원하시는 글을 쓰겠습니다.
정결한 몸짓으로 일어나는 향내처럼
당신을 위하여
소멸하겠습니다.

부록

작품 스터디

한국의 현대시

언어 예술의 극치라고도 할 수 있는 시는 아주 오래 전부터 우리 문학 속에 자리잡아 왔지만, 그 형식이 자유로워진 것은 1910년대부터이다. 이 무렵에 발표된 현대시의 선두라 할 수 있는 시들을 '신체시' 라고 부른다. 신체시의 효시는 널리 알려져 있는 최남선의 '해에게서 소년에게' 이다. 하지만 이 시는 계몽적인 내용을 담고 있었기 때문에 순수한 예술이라고 보기는 어렵다.

1920년대에 들어서면서 현대시는 새로운 전환점을 맞는다. 바로 주요 한이나 김억과 같은 시인이 등장하여 문학 고유의 순수성과 개인의 의식 을 그린 시를 발표하기 시작한 것이다. 한편, 일제 강점기가 시작되면서 암울한 사회 분위기를 표현한 시가 늘어났으며, 이후에는 사회 문제에 적 극 참여하는 시인도 많아졌다. 이들을 신경향파라고 부르는데, 〈빼앗긴 들에도 봄은 오는가〉를 쓴 이상화 역시 신경향파에 속한다.

1930년대에 접어들면서 한층 많은 시인들이 등장하여 시를 발표하기 시작했다. 〈끝없는 강물이 흐르네〉의 시인 김영랑은 언어를 최대한 아름 답게 갈고 닦은, 감각적인 언어의 순수시를 써냈다. 한편 이상은 〈오감도〉 처럼 무모할 정도로 새로운, 실험 정신이 돋보이는 시를 발표하였다. 그의 시는 어려울 뿐만 아니라, 오늘날까지 해석이 분분한 것이 특징이다. 서정 주는 인간적인 냄새가 짙은 작품들을 발표하여, 1930년대를 대표하는 시 인으로 꼽힌다. 또, 이 시기에는 박목월, 박두진, 조지훈 같은 역량 있는 시인들이 많이 배출되었다.

1940년대는 해방 전후 시기로, 광복이 달성되던 1945년 전에는 사회적 으로 일제의 수탈과 억압이 최고조에 달했던 시기이다. 이 시기에 많은 자

작가들은 글쓰기를 멈추고 은둔 생활을 했으며, 일부는 일본에 협력하여 천황을 칭송하는 글을 쓰기도 하였다. 하지만 질적인 면이나 발행고가 현저히 떨어져 '암흑기'로 평가된다. 이육사는 이 '암흑기'의 몇몇 유성 중 뛰어난 시인의 하나이다. 이육사는 10여 차례에 걸쳐 구금, 투옥을 되풀이하면서도 민족 해방의 투쟁 전선을 굳건히 지켰는데, 그의 이러한 정신은 〈절정〉이나 〈광야〉와 같은 시에서 잘 엿볼 수 있다. 한편 이 시기에 이육사의 후배 시인인 윤동주는 〈별 헤는 밤〉처럼 내면의 갈등을 언어로 형상화한 양심적인 시를 썼는데, 그의 시가 빛을 본 것은 광복이 이루어진 뒤의 일이다.

광복이 이루어진 1945년 이후로 가면서 한국의 시는 이데올로기에 입각한 작품이 홍수를 이루게 된다. 이러한 시대적 흐름 속에서도 박목월, 박두진, 조지훈 같은 시인은 낭만적 기질이 돋보이는 〈청록집〉을 발표하여 시단의 화제를 모으기도 했다.

1950년대 중반까지만 해도 이데올로기에 입각하여 쓰여진 시들이 여전히 대세를 이루었다. 그러나 이러한 작품은 순수 예술 지향주의와는 거리가 멀었기 때문에 어디까지나 문학적, 예술적인 열세를 극복할 수 없었다.

그러다가 1960년대에 접어들면서 한국의 시는 그 경향과 흐름이 어떠하다고 꼬집어 말하기 어려울 정도로 다양화되었다. 민주화를 부르짖는 시, 산업화로 인한 인간 소회 현상을 비판한 시, 새로운 기법을 도입하여 쓰여진 실험적인 시, 전통적인 낭만을 고수하는 서정적인 시 등 여러 종류의 경향이 한꺼번에 어우러져 있기 때문이다.

이러한 다양한 시들의 홍수 속에서 옥석을 가려내고, 자신의 마음에 참양식이 되는 시를 가려내는 일은 독자의 몫이라고 할 수 있다. 흔히들 시는 너무도 함축적이고 상징적이어서 시를 어렵게 느끼는 경향이 있다. 그러나 화자의 입장이 되어 시의 언어 속에 몰입하다 보면, 짧막한 글 속에 숨겨진 깊은 맛을 깨닫고 즐거워하게 될 것이다.

논술 가이드

이육사의 〈절정〉입니다. 시를 읽고 다음 문제에 답하시오.

[문항 1]

매운 계절의 채찍에 갈겨
마침내 북방으로 휩쓸려 오다.

하늘도 그만 지쳐 끝난 고원
서릿발 칼날진 그 위에 서다.

어데다 무릎을 꿇어야 하나
한 발 재겨 디딜 곳조차 없다.

이러매 눈 감아 생각해 볼밖에
겨울은 강철로 된 무지갠가 보다.

〈작품 감상〉
　이 시는 1940년 〈문장〉에 실린 작품으로, 일제의 탄압의 극한 상황 속에서도 좌절하지 않고 굳세게 견디어 내겠다는 강한 의지를 담고 있다. 1연의 '북방'은 세상의 끝을, 2연의 '고원'은 공간의 끝을 나타내며, 3연 역시 막다른 벼랑과 같은 극한의 절정을 나타내고 있다. 그러나 4연에서 모든 것을 초월하는 고결한 정신적 승리가 엿보인다.

(1) 위 시에서 풍기는 전체적인 느낌이 어떠한지 적어 봅시다.

----

(2) 위 시에 쓰인 '매운 계절의 채찍'과 '강철로 된 무지개'가 무엇을 뜻하는지, 당시의 시대적 배경을 참고로 하여 생각해 봅시다.

김광균의 〈와사등〉입니다. 시를 읽고 다음 문제에 답하시오.

[문항 2]

차단 ─ 한 등불이 하나 비인 하늘에 걸려 있다.
내 호올로 어딜 가라는 슬픈 신호냐.

긴 ─ 여름 해 황망히 날개를 접고
늘어선 고층 창백한 묘석같이 황혼에 젖어
찬란한 야경 무성한 잡초인 양 헝클어진 채
사념 벙어리 되어 입을 다문다.

피부의 바깥에 스미는 어둠
낯설은 거리의 아우성 소래.
까닭도 없이 눈물겹고나.

공허한 군중의 행렬에 섞이어
내 어디서 그리 무거운 비애를 지고 왔기에
길 ─ 게 느린 그림자 이다지 어두워

내 어디로 어떻게 가라는 슬픈 신호기
차단 ─ 한 등불이 하나 비인 하늘에 걸리어 있다.

〈작품 감상〉
1936년 〈조선 일보〉에 발표된 시로, 현대 문명 속에서 느끼는 군중 속의 고독과 비애, 현대인의 방황과 절망을 노래했다. 이 시의 제목인 '와사등(가스등)'은 이국적 정서물인 동시에, 일제하를 살아가는 지식인의 고뇌를 표현하고 있기도 하다.

(1) 위 시에서 현대의 물질 문명에 대한 비판이 드러나 있는 곳과, 그 속에서 느끼는 비애가 직접적으로 표출되어 있는 곳은 몇 행인지 찾아봅시다.

박목월의 〈청노루〉입니다. 시를 읽고 다음 문제에 답하시오.

[문항 3]

머언 산 청운사 낡은 기와집 산은 자하산 봄눈 녹으면, 느릅나무 속잎 피어 나는 열 두 굽이를 청노루 맑은 눈에 도는 구름.	〈작품 감상〉 　이 시는 이상향이라고도 할 수 있는 청운사와 자하산 속에 뛰노는 청노루를 고운 시어로 그려냄으로써, 마치 한 폭의 동양화를 감상하는 듯한 맑은 느낌을 안겨 준다. 또 각각의 시어가 가지고 있는 색감이 조화롭게 어우러져 선명한 시적 정서를 형상화시키고 있다.

　(1) 마지막 연의 '도는/구름.'에서 얻어지는 이미지를 떠올려 보고, 시를 이렇게 마무리함으로써 어떠한 효과를 노릴 수 있었는지 생각해 봅시다.

----

　(2) 이 시에서 시상의 초점을 이루는 시어를 찾아 써 봅시다.

정지용의 〈향수〉입니다. 시를 읽고 다음 문제에 답하시오.

[문항 4]

넓은 벌 동쪽 끝으로
옛이야기 지줄대는 실개천이 휘돌아 나가고,
얼룩백이 황소가
해설피 금빛 게으른 울음을 우는 곳,

── 그 곳이 차마 꿈엔들 잊힐 리야.

질화로에 재가 식어지면
비인 밭에 밤바람 소리 말을 달리고,
엷은 졸음에 겨운 늙은 아버지가
짚베개를 돋아 고이시는 곳,

── 그 곳이 차마 꿈엔들 잊힐 리야. (후략)

〈작품 감상〉

고향에의 절절한 그리움이 담긴 〈향수〉는, 정지용이 도쿄 유학 중이던 1923년경에 쓴 시이다. 모두 다섯 부분으로 나누어지는데, 각 부분마다 고향의 잊을 수 없는 심상을 제시하고 그 뒤에는 '그 곳이 차마 꿈엔들 잊힐 리야'를 반복하고 있다. 이렇게 함으로써 작품 전체가 통일성을 띠며, 시인의 절실한 심정을 강하게 전달하고 있다.

(1) 이 시의 전체를 읽어 보고, 짝수 연에서 반복되고 있는 '그 곳이 차마 꿈엔들 잊힐 리야'가 의미하는 바가 무엇인지 생각해 봅시다.

----

(2) 이 시에서 가난하지만 단란하게 살아가는 한 농가의 정경을 그린 시구를 찾아봅시다.

〈베스트 논술 한국대표문학〉(전60권) 목록

권별	작품	작가
1	무정 I	이광수
2	무정 II	이광수
3	무명 · 꿈 · 옥수수 · 할멈	이광수
4	감자 · 시골 황 서방 · 광화사 · 붉은 산 · 김연실전 외	김동인
5	발가락이 닮았다 · 왕부의 낙조 · 전제자 · 명문 외	김동인
6	배따라기 · 약한 자의 슬픔 · 광염 소나타 외	김동인
7	B사감과 러브레터 · 서투른 도적 · 술 권하는 사회 · 빈처 외	현진건
8	운수 좋은 날 · 까막잡기 · 연애의 청산 · 정조와 약가 외	현진건
9	벙어리 삼룡이 · 뽕 · 젊은이의 시절 · 행랑 자식 외	나도향
10	물레방아 · 꿈 · 계집 하인 · 별을 안거든 우지나 말 걸 외	나도향
11	상록수 I	심훈
12	상록수 II	심훈
13	탈춤 · 황공의 최후 / 적빈 · 꺼래이 · 혼명에서 외	심훈 / 백신애
14	태평 천하	채만식
15	레디메이드 인생 · 순공 있는 일요일 · 쑥국새 외	채만식
16	명일 · 미스터 방 · 민족의 죄인 · 병이 낫거든 외	채만식
17	동백꽃 · 산골 나그네 · 노다지 · 총각과 맹꽁이 외	김유정
18	금 따는 콩밭 · 봄봄 · 따라지 · 소낙비 · 만무방 외	김유정
19	백치 아다다 · 마부 · 병풍에 그린 닭이 · 신기루 외	계용묵
20	표본실의 청개구리 · 두 파산 · 이사 외 / 모범 경작생	염상섭 / 박영준
21	탈출기 · 홍염 · 고국 · 그믐밤 · 폭군 · 박돌의 죽음 외	최서해
22	메밀꽃 필 무렵 · 낙엽기 · 돈 · 석류 · 들 · 수탉 외	이효석
23	분녀 · 개살구 · 산 · 오리온과 능금 · 가을과 산양 외	이효석
24	무녀도 · 역마 · 까치 소리 · 화랑의 후예 · 등신불 외	김동리
25	하수도 공사 / 지맥 / 그 날의 햇빛은 · 갈가마귀 그 소리	박화성 / 최정희 / 손소희
26	지하촌 · 소금 · 원고료 이백 원 외 / 경희	강경애 / 나혜석
27	제3인간형 / 제일과 제일장 외 / 사랑 손님과 어머니 외	안수길 / 이무영 / 주요섭
28	날개 · 오감도 · 지주 회시 · 환시기 · 실화 · 권태 외	이상
29	봉별기 · 종생기 · 조춘점묘 · 지도의 암실 · 추등잡필	이상
30	화수분 외 / 김 강사와 T교수 · 창랑 정기 / 성황당	전영택 / 유진오 / 정비석

권별	작품	작가
31	민촌 / 해방 전후 · 달밤 외 / 과도기 · 강아지	이기영 / 이태준 / 한설야
32	소설가 구보씨의 일일 / 장삼이사 · 비오는 길 /	박태원 / 최명익
	석공 조합 대표 / 낙동강 · 농촌 사람들 · 저기압	송영 / 조명희
33	모래톱 이야기 · 사하촌 외 / 갯마을 / 혈맥 / 전황당인보기	김정한 / 오영수 / 김영수 / 정한숙
34	바비도 외 / 요한 시집 / 젊은 느티나무 외 / 실비명 외	김성한 / 장용학 / 강신재 / 김이석
35	잉여 인간 / 불꽃 / 꺼삐딴 리 · 사수 / 연기된 재판	손창섭 / 선우휘 / 전광용 / 유주현
36	탈향 외 / 수난 이대 외 / 유예 / 오발탄 외 / 4월의 끝	이호철/ 하근찬/ 오상원/ 이범선/ 한수산
37	총독의 소리 / 유형의 땅 / 세례 요한의 돌	최인훈 / 조정래 / 정을병
38	어둠의 혼 / 개미귀신 / 무진 기행 · 서울 1964년 겨울 외	김원일 / 이외수 / 김승옥
39	뫼비우스의 띠 / 악령 / 식구	조세희 / 김주영 / 박범신
	관촌 수필 / 기억 속의 들꽃 / 젊은 날의 초상	이문구 / 윤흥길 / 이문열
40	김소월 시집	김소월
41	윤동주 시집	윤동주
42	한용운 시집	한용운
43	한국 고전 시가와 수필	유리왕 외
44	한국 대표 수필선	김진섭 외
45	한국 대표 시조선	이규보 외
46	한국 대표 시선	최남선 외
47	혈의 누 · 모란봉	이인직
48	귀의 성	이인직
49	금수 회의록 · 공진회 / 추월색	안국선 / 최찬식
50	자유종 · 구마검 / 애국부인전 / 꿈하늘	이해조 / 장지연 / 신채호
51	삼국유사	일연
52	금오신화 / 홍길동전 / 임진록	김시습 / 허균 / 작자 미상
53	인현왕후전 / 계축일기	작자 미상
54	난중일기	이순신
55	흥부전 / 장화홍련전 / 토끼전 / 배비장전	작자 미상
56	춘향전 / 심청전 / 박씨전	작자 미상
57	구운몽 · 사씨 남정기	김만중
58	한중록	혜경궁 홍씨
59	열하일기	박지원
60	목민심서	정약용

〈베스트 논술 한국대표문학〉에 실린 소설과 교과서 대조표

* 〈베스트 논술 한국대표문학〉에 실린 소설과 현행 국어 · 문학 18종 교과서의 수록 내용을 비교 · 분석하였다.

● 초등 학교 교과서(국어)

금오신화, 구운몽, 심청전,
흥부전, 토끼전, 박씨전,
장화홍련전, 홍길동전

● 국정 교과서

작품	작가	교과목
고향	현진건	고등 학교 문법
동백꽃	김유정	중학교 국어 2-1, 중학교 국어 3-1
벙어리 삼룡이	나도향	중학교 국어 1-1
봄봄	김유정	고등 학교 국어(상)
사랑 손님과 어머니	주요섭	중학교 국어 2-1
오발탄	이범선	중학교 국어 3-1
운수 좋은 날	현진건	중학교 국어 3-1

● 고등 학교 문학 교과서

작품	작품	출판사
감자	김동인	교학, 지학, 디딤돌, 상문
갯마을	오영수	문원, 형설
고향	현진건	두산, 지학, 청문, 중앙, 교학, 문원, 민중, 블랙, 디딤돌
관촌 수필	이문구	지학, 문원, 블랙
광염 소나타	김동인	천재, 태성

금 따는 콩밭	김유정	중앙
금수회의록	안국선	지학, 문원, 블랙, 교학, 대한, 태성, 청문, 디딤돌
김 강사와 T교수	유진오	중앙
까마귀	이태준	민중
꺼삐딴 리	전광용	지학, 중앙, 두산, 블랙, 디딤돌, 천재, 케이스
날개	이상	문원, 교학, 중앙, 민중, 천재, 형설, 청문, 태성, 케이스
논 이야기	채만식	두산, 상문, 중앙, 교학
닳아지는 살들	이호철	천재, 청문
동백꽃	김유정	금성, 두산, 블랙, 교학, 상문, 중앙, 지학, 태성, 형설, 디딤돌, 케이스
두 파산	염상섭	문원, 상문, 천재, 교학
등신불	김동리	중앙, 두산
만무방	김유정	민중, 천재, 두산
메밀꽃 필 무렵	이효석	금성, 상문, 중앙, 교학, 문원, 민중, 블랙, 디딤돌, 지학, 청문, 천재, 케이스
모래톱 이야기	김정한	디딤돌, 교학, 문원
모범경작생	박영준	중앙
뫼비우스의 띠	조세희	두산, 블랙
무녀도	김동리	천재, 지학, 청문, 금성, 문원, 민중, 케이스

작품	작가	출판사
무정	이광수	디딤돌, 금성, 두산, 교학, 한교
무진기행	김승옥	두산, 천재, 태성, 교학, 문원, 민중, 케이스
바비도	김성한	민중, 상문
배따라기	김동인	상문, 형설, 중앙
벙어리 삼룡이	나도향	민중
복덕방	이태준	블랙, 교학
봄봄	김유정	디딤돌, 문원
붉은 산	김동인	중앙
B사감과 러브레터	현진건	교학
사랑 손님과 어머니	주요섭	중앙, 디딤돌, 민중, 상문
사수	전광용	두산
사하촌	김정한	중앙, 문원, 민중
산	이효석	문원, 형설
서울, 1964년 겨울	김승옥	문원, 블랙, 천재, 교학, 지학, 중앙
성황당	정비석	형설
소설가 구보씨의 일일	박태원	중앙, 천재, 교학, 대한, 형설, 문원, 민중
수난 이대	하근찬	교학, 지학, 중앙, 문원, 민중, 디딤돌, 케이스
애국부인전	장지연	지학, 한교
어둠의 혼	김원일	천재
역마	김동리	교학, 두산, 천재, 태성, 형설, 상문, 디딤돌

역사	김승옥	중앙
오발탄	이범선	교학, 중앙, 금성, 두산
요한 시집	장용학	교학
운수 좋은 날	현진건	금성, 문원, 천재, 지학, 민중, 두산, 디딤돌, 케이스
유예	오상원	블랙, 천재, 중앙, 교학, 디딤돌, 민중
자유종	이해조	지학, 한교
장삼이사	최명익	천재
전황당인보기	정한숙	중앙
젊은 날의 초상	이문열	지학
젊은 느티나무	강신재	블랙, 중앙, 문원, 상문
제일과 제일장	이무영	중앙
치숙	채만식	문원, 청문, 중앙, 민중, 상문, 케이스
탈출기	최서해	형설, 두산, 민중
탈향	이호철	케이스
태평 천하	채만식	지학, 금성, 블랙, 교학, 형설, 태성, 디딤돌
표본실의 청개구리	염상섭	금성
학마을 사람들	이범선	민중
할머니의 죽음	현진건	중앙
해방 전후	이태준	천재
혈의 누	이인직	천재, 금성, 민중, 교학, 태성, 청문
홍염	최서해	상문, 지학, 금성, 두산, 케이스
화수분	전영택	태성, 중앙, 디딤돌, 블랙

〈베스트 논술 한국대표문학〉에 실린 시와 교과서 대조표

* 〈베스트 논술 한국대표문학〉에 실린 시와 현행 국어·문학 18종 교과서의 수록 내용을 비교·분석하였다.

작품	작가	출판사
가는 길	김소월	지학, 블랙, 민중
가을의 기도	김현승	블랙
겨울 바다	김남조	지학
고향	백석	형설
국경의 밤	김동환	지학, 천재, 금성, 블랙, 태성
국화 옆에서	서정주	민중
귀천	천상병	지학, 디딤돌
귀촉도	서정주	지학
그 날이 오면	심훈	지학, 블랙, 교학, 중앙
그대들 돌아오시니	정지용	두산
그 먼 나라를 알으십니까	신석정	교학, 대한
껍데기는 가라	신동엽	지학, 천재, 금성, 블랙, 교학, 한교, 상문, 형설, 청문
꽃	김춘수	금성, 문원, 교학, 중앙, 형설
끝없는 강물이 흐르네	김영랑	디딤, 교학
나그네	박목월	천재, 블랙, 중앙, 한교
나룻배와 행인	한용운	문원, 블랙, 대한, 형설
남신의주 유동 박시봉방	백석	지학, 두산, 상문

작품	작가	출판사
남으로 창을 내겠소	김상용	지학, 한교, 상문
내 마음은	김동명	중앙, 상문
내 마음을 아실 이	김영랑	한교
농무	신경림	지학, 디딤, 금성, 블랙, 교학, 형설, 청문
누가 하늘을 보았다 하는가	신동엽	두산
눈길	고은	문원
님의 침묵	한용운	지학, 천재, 두산, 교학, 민중, 한교, 태성, 디딤돌
떠나가는 배	박용철	지학, 한교
머슴 대길이	고은	디딤돌, 천재
먼 후일	김소월	청문
모란이 피기까지는	김영랑	지학, 천재, 금성, 형설
목계 장터	신경림	문원, 한교, 청문
목마와 숙녀	박인환	민중
바다와 나비	김기림	금성, 블랙, 한교, 대한, 형설
바위	유치환	금성, 문원, 중앙, 한교
별 헤는 밤	윤동주	문원, 민중
봄은 간다	김억	한교, 교학
봄은 고양이로다	이장희	블랙

작품	작가	출판사
불놀이	주요한	금성, 형설
빼앗긴 들에도 봄은 오는가	이상화	지학, 천재, 문원, 블랙, 디딤돌, 중앙
산 너머 남촌에는	김동환	천재, 블랙, 민중
산유화	김소월	두산, 민중
살아 있는 것이 있다면	박인환	대한, 교학
살아 있는 날은	이해인	교학
생명의 서	유치환	한교, 대한
샤갈의 마을에 내리는 눈	김춘수	지학, 블랙, 태성
서시	윤동주	디딤돌, 민중
설일	김남조	교학
성묘	고은	교학
성북동 비둘기	김광섭	지학
쉽게 씌어진 시	윤동주	지학, 디딤돌, 중앙
승무	조지훈	지학, 디딤돌, 금성
알 수 없어요	한용운	중앙, 대한
어서 너는 오너라	박두진	디딤돌, 금성, 한교, 교학
오감도	이상	디딤돌, 대한
와사등	김광균	민중
우리가 물이 되어	강은교	지학, 문원, 교학, 형설, 청문, 디딤돌
우리 오빠의 화로	임화	디딤돌, 대한
울음이 타는 가을 강	박재삼	지학, 교학
자수	허영자	교학

작품	작가	출판사
자화상	노천명	민중
절정	이육사	지학, 천재, 금성, 두산, 문원, 블랙, 교학, 태성, 청문, 디딤돌
접동새	김소월	교학, 한교
조그만 사랑 노래	황동규	문원, 중앙
즐거운 편지	황동규	지학, 형설, 청문
진달래꽃	김소월	천재, 태성
청노루	박목월	지학, 문원, 상문
초토의 시 8	구상	지학, 천재, 두산, 상문, 태성
초혼	김소월	디딤돌, 금성, 문원
타는 목마름으로	김지하	디딤돌, 금성, 문원, 민중
풀	김수영	지학, 금성, 민중, 한교, 태성
프란츠 카프카	오규원	천재, 태성
피아노	전봉건	태성
해	박두진	두산, 블랙, 민중, 형설
해에게서 소년에게	최남선	지학, 천재, 금성, 두산, 문원, 민중, 한교, 대한, 형설, 태성, 청문, 디딤돌
향수	정지용	지학, 문원, 블랙, 교학, 한교, 상문, 청문, 디딤돌

〈베스트 논술 한국대표문학〉에 실린 시조와 교과서 대조표

* 〈베스트 논술 한국대표문학〉에 실린 시조와 현행 국어·문학 18종 교과서의 수록 내용을 비교·분석하였다.

작품	작가	출판사
가노라 삼각산아	김상헌	교학, 형설
가마귀 눈비 맞아	백팽년	교학
가마귀 싸우는 골에	정몽주 어머니	교학
강호 사시가	맹사성	디딤돌, 두산, 교학
고산구곡	이이	한교
공명을 즐겨 마라	김삼현	지학
구름이 무심탄 말이	이존오	천재
국화야 너난 어이	이정보	블랙
녹초 청강상에	서익	지학
농암가	이현보	민중
뉘라서 가마귀를	박효관	교학
님 그린 상사몽이	박효관	천재
대추볼 붉은 골에	황희	중앙
도산 십이곡	이황	디딤돌, 블랙, 민중, 형설, 태성
동짓달 기나긴 밤을	황진이	지학, 천재, 금성, 두산, 문원, 교학, 상문, 대한
마음이 어린후니	서경덕	지학, 금성, 블랙, 한교
말없는 청산이요	성혼	지학, 천재
방안에 혔는 촉불	이개	천재, 금성, 교학
백구야 말 물어보자	김천택	지학
백설이 자자진 골에	이색	지학
삭풍은 나무끝에	김종서	중앙, 형설
산촌에 눈이 오니	신흠	지학

작품	작가	출판사
삼동에 베옷 닙고	조식	지학, 형설
산인교 나린 물이	정도전	천재
수양산 바라보며	성삼문	천재, 교학
십년을 경영하여	송순	지학, 금성, 블랙, 중앙, 한교, 상문, 대한, 형설
어리고 성긴 매화	안민영	형설
어부사시사	윤선도	금성, 문원, 민중, 상문, 대한, 형설, 청문
오리의 짧은 다리	김구	청문
오백년 도읍지를	길재	블랙, 청문
오우가	윤선도	형설
이몸이 죽어가서	성삼문	지학, 두산, 민중, 대한, 형설
이시렴 부디 갈다	성종	지학
이화에 월백하고	이조년	디딤돌, 천재, 두산
이화우 흣뿌릴 제	계랑	한교
재너머 성권농 집에	정철	천재, 형설
천만리 머나먼 길에	왕방연	문원, 블랙
청산리 벽계수야	황진이	지학
추강에 밤이 드니	월산대군	천재, 금성, 민중
춘산에 눈녹인 바람	우탁	디딤돌
풍상이 섞어 친 날에	송순	지학, 청문
한손에 막대 잡고	우탁	금성
훈민가	정철	지학, 금성
흥망이 유수하니	원천석	천재, 중앙, 한교, 디딤돌, 대한

⟨베스트 논술 한국대표문학⟩에 실린 수필과 교과서 대조표

* ⟨베스트 논술 한국대표문학⟩에 실린 수필과 현행 국어·문학 18종 교과서의 수록 내용을 비교·분석하였다.

작품	작가	출판사
가난한 날의 행복	김소운	천재
가람 일기	이병기	지학
구두	계용묵	디딤돌, 문원, 상문, 대한
그믐달	나도향	블랙, 태성
꼴찌에게 보내는 갈채	박완서	태성
나무	이양하	상문
나무의 위의	이양하	문원, 태성
낭객의 신년 만필	신채호	두산, 블랙, 한교
딸깍발이	이희승	지학, 디딤돌, 청문
멋없는 세상 멋있는 사람	김태길	중앙
무궁화	이양하	디딤돌
백설부	김진섭	지학, 천재, 형설, 태성, 청문
생활인의 철학	김진섭	지학, 태성
수필	피천득	지학, 천재, 한교, 태성, 청문
수학이 모르는 지혜	김형석	청문
슬픔에 관하여	유달영	문원, 중앙
웃음설	양주동	교학, 태성
은전 한 닢	피천득	금성, 대한
이야기	피천득	지학, 청문
인생의 묘미	김소운	지학
지조론	조지훈	블랙, 한교
청춘 예찬	민태원	금성, 블랙
특급품	김소운	교학
폭포와 분수	이어령	지학, 블랙
피딴 문답	김소운	디딤돌, 금성, 한교
행복의 메타포	안병욱	교학
헐려 짓는 광화문	설의식	두산

베스트 논술 한국 대표문학 ㊻

한국 대표 시선

지은이 최남선 외
펴낸이 류성관
펴낸곳 SR&B(새로본닷컴)
주 소 서울특별시 마포구 망원동 463-2번지
전 화 02)333-5413
팩 스 02)333-5418
등 록 제10-2307호
인 쇄 만리 인쇄사

＊잘못 만들어진 책은 바꾸어 드립니다.